「セルフィユ」の
ディップ＆ペースト
Cerfeuil's Dip & Paste

CONTENTS

はじめに —— 006

Dip

フレッシュディップ

オニオンガーリック —— 008
バジル —— 009
オリーブ —— 010
サーモン —— 011
コチュジャン —— 012
ピクルス —— 013
ドライトマト —— 014
ハラペーニョ —— 015

マヨネーズディップ

カレー —— 017
チーズ＆ハーブ —— 017
マスタード＆ピクルス —— 018
赤かぶ＆キャロット —— 018
ミックスペッパー —— 019
スパイシーオニオン —— 019
アボカド＆オリーブ —— 020
ホワイトピクルス —— 020
マスタード＆オニオン —— 021
ガーリック＆ペッパー —— 021
和風うめカツオ —— 022
和風のりしょうゆ —— 022
和風ねぎごま —— 023
和風赤じそ昆布 —— 023
チーズ＆バター —— 024
デミグラス —— 024
サクラエビ —— 025
アイオリ —— 025

味噌ディップ

黒ごま＆焼きにんにく —— 026
ねぎ —— 027
うま辛根菜 —— 028
ふき —— 029
青とうがらし —— 030
わさび —— 031

クリームチーズディップ

クリームチーズディップの
　お菓子 —— 034
プルーン＆ヨーグルト —— 036
ストロベリー —— 036
オレンジ＆チーズ —— 037
キウイ＆杏仁 —— 037
くるみ＆チョコレート —— 038
キャラメルチーズケーキ —— 038
チョコチップ＆ビスケット —— 039
レアチーズ —— 039
抹茶＆あずき —— 040
ココナッツ＆
　ホワイトチョコレート —— 040
コーヒー＆ピーナッツ —— 041
グリオットチェリー —— 041

Paste

黒オリーブ＆アンチョビ ── 044
ポテトフライ＆オリーブの
　彩りタプナードサラダ ── 045
トマト＆イカすみ ── 046
イカ＆生ハムのイカすみリゾット ── 047
緑の野菜＆いんげん豆の
　具だくさんスープ ── 048
グリーンソース ── 049
ホタテのソテー
　パプリカチャツネソース ── 050
パプリカチャツネ ── 051
イタリアントマト ── 052
タコ＆イカのトマトマリネ ── 053
バルケット ── 053
きのこピラフ ── 054
ドライトマト＆ポルチーニ ── 055

なす＆にんにくのチャツネ ── 056
れんこん＆たけのこの
　パイ包み焼き ── 057
チリビーンズ ── 058
アサリ入りチヂミ
　チリビーンズソース ── 059
チリドッグ ── 059
パンプキンペーストのサラダ ── 060
にんじんポタージュ ── 060
パンプキン＆チーズ ── 061
ジェノバペースト ── 062
アサリの白ワイン蒸し ── 063
バジル＆魚介のリングイネ ── 063
パプリカ＆カマンベール ── 064
トマトバジル＆カマンベール ── 064
豆腐のオーブン焼き ── 065

この本の決まり
・大さじ1＝15ml、小さじ1＝5mlを基準にしています。
・電子レンジ＝500Wを使用。600Wの場合は、加熱時間を約2割減にしてください。
・フードプロセッサーがない場合は、状況に応じて、ミキサーやハンドミキサーを使っても作れます。
・保存期間は、保存の状態、季節による温度や湿度の違いによっても変わりますので、あくまで目安にしてください。

🫙 Gelée & Curd & Jam

ジュレ

- アップルジュレ — 070
- アップル アールグレイ — 071
- アップル カモミール — 071
- アップル ラムレーズン — 071
- ストロベリー アーモンド — 072
- ストロベリー
  さくら & ホワイトチョコレート — 072
- ストロベリー ジャスミン — 072
- ストロベリージュレ — 073
- カシスジュレ — 074
- カシス フィグ — 075
- カシス バラ & ホワイトチョコレート — 075
- カシス アッサム — 075

レモンカード

- プレーン — 076
- メイプル — 077
- 抹茶 — 077
- ココア — 078
- バニラ — 078
- レモンカードのおやつ — 079

ミルクジャム

- プレーン — 080
- アールグレイ — 081
- バニラ — 081
- ココア — 082
- キャラメル — 082
- ミルクジャムの飲み物 — 083

秘密のデザートジャム

- 緑のぶどう — 084
- パンナコッタ — 085
- ライチ — 086
- 杏仁豆腐 — 087
- パッション & シトラス — 088
- パッションビール — 089

🍇 Dessert Spread

デザートスプレッド

バナナ & チョコ ── 092
アプリコット & アーモンド ── 093
カシス & マロン ── 094
ピーチ & バニラ ── 095
パパイヤ & バニラ ── 096
マンゴー & バニラ ── 097
アップル & シナモン ── 098

クリームチーズスプレッド

オレンジ ── 099
パイナップル ── 100
ブルーベリー ── 101
ミックスベリー ── 102
バナナ ── 103
グレープフルーツ ── 104
ストロベリー ── 105

topics

おいしいマヨネーズの
　作り方 ── 016
薬味になる和風ディップ ── 032
ケチャップがわりの
　トマトレリッシュ ── 042
肉料理にぴったり
　ステーキソース ── 067

column

Q&A 1 ── 068
Q&A 2 ── 090

ビンの楽しみ、いろいろ ── 106
おわりに ── 109
SHOP LIST ── 110

『Cerfeuil』は、
ディップ、ペースト、ジャム、スプレッド、ドレッシングなど、
今までありそうでなかった愛すべきビン詰を、
愉しみながら創り出している会社です。

例えばジャム。
家庭で使う鍋より少し大きめ、昔ながらのシンプルな蒸気釜で、
水あめや酸味料を添加せず、
たっぷりのフルーツと少しのグラニュー糖を使って作っています。

例えばディップ。
無添加のマヨネーズとチーズ、フレッシュな素材を組み合わせて、
たくさんの愛情を込めながら、少しずつ手作りしています。

そんな、より自然でおいしいものなら、おうちでも作ってみたくなるはず。
そこで今回、セルフィユのスタッフたちが何度も試作を重ね、
家庭用のスペシャルレシピを作ってくれました。
もちろん、本邦初公開です。
どれも簡単に作れて、最高においしいものばかり。
ぜひ、試してみてください！

Dip

パンやクラッカー、生野菜など
キッチンにあるものにディップをつけて食べれば
それだけでハッピーな気分になるから不思議です。
簡単に作れて、しかもおいしい
セルフィユ自慢の46種類のディップレシピ、初公開！

ディップは作りたてを食べるのがベストですが、
密閉容器で冷蔵保存すれば、夏場は2〜3日、冬
場は4〜5日くらいまでおいしく食べられます。

Fresh Dip
フレッシュディップ

マヨネーズとパルメザンチーズがベースのディップです。
パンや生野菜にそのままつけるだけでなく、
パンに塗ってオーブントースターで焼いたり、サラダのドレッシングがわりにしたり、
またパスタやオムレツのソースとしても使えます。
アイディア次第で無限においしい世界が広がる、そんな魔法のディップです。

Onion Garlic オニオンガーリック

材料（でき上がり約160g分）

マヨネーズ …… 130g
パルメザンチーズ …… 25g
市販のフライドオニオン …… 5g
ガーリックパウダー …… 少々

作り方

ボウルにマヨネーズとおろしたパルメザンチーズを入れてよく混ぜ合わせ、粗みじんに切った市販のフライドオニオン、ガーリックパウダーを混ぜる。

・・・・・・・・・・・・・・・・・・・・・・・・・・・・

★手作りフライドオニオン
薄くスライスしたたまねぎを塩水につけ、しんなりしたら水気をよくきり、小麦粉をまぶしてサラダ油でカリッと揚げれば、おいしいフライドオニオンの完成！

おいしいアイディア

薄くスライスしたバゲットにたっぷり塗って、オーブントースターで焼いて食べます。茹で卵につけてもおいしいです。

Basil バジル

材料（でき上がり約160g分）
マヨネーズ …… 130g
パルメザンチーズ …… 25g
バジル …… 5g

作り方
ボウルにマヨネーズとおろしたパルメザンチーズを入れてよく混ぜ合わせ、みじん切りにしたバジルを混ぜる。

おいしいアイディア

トマトサラダやオニオンサラダと一緒に。また茹でたてのパスタにからめて、おろしたパルメザンチーズをたっぷりかけて食べるのもグッド。

Olive オリーブ

材料（でき上がり約160g分）
マヨネーズ …… 120g
パルメザンチーズ …… 20g
緑オリーブ …… 20g

作り方
ボウルにマヨネーズとおろしたパルメザンチーズを入れてよく混ぜ合わせ、種を取り除いて、粗みじんに切った緑オリーブを混ぜる。

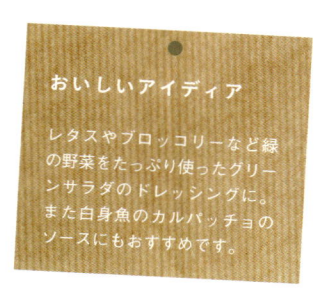

おいしいアイディア
レタスやブロッコリーなど緑の野菜をたっぷり使ったグリーンサラダのドレッシングに。また白身魚のカルパッチョのソースにもおすすめです。

Salmon サーモン

材料（でき上がり約160g分）

マヨネーズ …… 120g
パルメザンチーズ …… 20g
市販のシャケフレーク …… 20g

作り方

ボウルにマヨネーズとおろしたパルメザンチーズを入れてよく混ぜ合わせ、市販のシャケフレークを混ぜる。

おいしいアイディア

耐熱容器に入れたバターライスの上にのせてオーブンで焼くと、簡単ドリアができ上がります。また薄くスライスしたバゲットにたっぷり塗って、オーブントースターで焼いても。

Gochujang コチュジャン

材料（でき上がり約160g分）

マヨネーズ …… 120g
パルメザンチーズ …… 20g
コチュジャン …… 小さじ2
オイスターソース …… 小さじ2
しょうゆ …… 小さじ1
一味とうがらし …… 小さじ1/2
ガーリックパウダー …… 少々

作り方

ボウルにマヨネーズとおろしたパルメザンチーズを入れてよく混ぜ合わせ、コチュジャン、オイスターソース、しょうゆ、一味とうがらし、ガーリックパウダーを混ぜ合わせる。

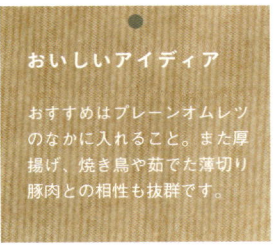

おいしいアイディア

おすすめはプレーンオムレツのなかに入れること。また厚揚げ、焼き鳥や茹でた薄切り豚肉との相性も抜群です。

Pickles ピクルス

材料（でき上がり約160g分）
マヨネーズ …… 120g
パルメザンチーズ …… 20g
市販のきゅうりのピクルス
 …… 20g

作り方
ボウルにマヨネーズとおろしたパルメザンチーズを入れてよく混ぜ合わせ、粗みじんに切った市販のきゅうりのピクルスを混ぜる。

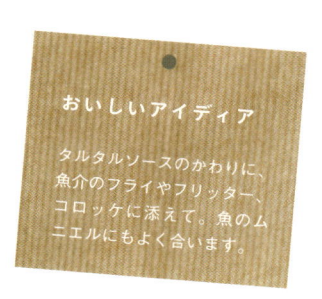

おいしいアイディア

タルタルソースのかわりに、魚介のフライやフリッター、コロッケに添えて。魚のムニエルにもよく合います。

Dry Tomato ドライトマト

材料（でき上がり約160g分）

マヨネーズ …… 110g
パルメザンチーズ …… 15g
市販のセミドライトマトの
　オイル漬け …… 35g

作り方

ボウルにマヨネーズとおろしたパルメザンチーズを入れてよく混ぜ合わせ、粗みじんに切った市販のセミドライトマトのオイル漬けを混ぜる。

★ドライトマトを使うと、食感が悪くなってしまう。

おいしいアイディア

食パンにたっぷり塗って、その上にピザ用シュレッドチーズをのせてオーブントースターで焼くと、簡単ピザ風トーストになります。

Jalapeño ハラペーニョ

材料（でき上がり約160g分）
マヨネーズ …… 120g
パルメザンチーズ …… 20g
青とうがらし …… 15g
ケイパー …… 5g

作り方
ボウルにマヨネーズとおろしたパルメザンチーズを入れてよく混ぜ合わせ、粗みじんに切った青とうがらしとケイパーを混ぜる。

おいしいアイディア

野菜やハムをはさんだサンドウィッチのマスタードのかわりに。またアボカド、かまぼこやちくわにつけて食べてもおいしいです。

おいしい

マヨネーズの作り方

新鮮な自家製マヨネーズは、
パンや生野菜につけてそのまま食べる「マヨネーズディップ」作りに最適です。
作りたてより、1時間以上おいたほうが、味がなじんでおいしくなります。
作ったその日のうちに食べてしまうのがベストですが、
密閉容器に入れて冷蔵保存すれば、夏場は2〜3日、
冬場は4〜5日くらいまでおいしく食べられます。
「フレッシュディップ」に手作りのマヨネーズを使う場合は、パンに塗ってトーストしたり、
料理のソースに使ったり、食べる際に熱を加えることもあるので、
レシピの卵黄1個を、〔全卵1/2個〕にかえて作ってください。

自家製マヨネーズ

材料（でき上がり約230g分）
酢 …… 大さじ1
はちみつ …… 小さじ1
塩、こしょう …… 各適量
卵黄 …… 1個分
マスタード …… 小さじ1
サラダ油（またはオリーブ油）
  …… 200g

作り方

1 ボウルに酢、はちみつ、塩、こしょうを入れて泡立て器で混ぜ合わせ、卵黄、マスタードを加えてさらによく混ぜ合わせる。
2 1にサラダ油を糸状に垂らして少しずつ流し入れ、全体が白っぽくもったりとなるまで、手早くしっかりと撹拌する。一度にたくさん入れると、分離するので要注意。

・・・・・・・・・・・・・・・・・・・・・・・・

★油を多く入れるとマヨネーズは堅くなるので、お好みで調整して。
★サラダ油のかわりに健康志向の油を使ったり、風味のあるオリーブ油やグレープシード油、ごま油、紅花油などを少量加えたりしてもいい。

Mayonnaise Dip
マヨネーズディップ

マヨネーズをベースにした18種類のディップです。
新鮮な作りたてをお好みのパンやクラッカー
生野菜につけて食べてみてください。

Curry
カレー

材料（でき上がり約300g分）
マヨネーズ …… 140g
白ワインビネガー …… 大さじ2
水 …… 大さじ4
粉寒天（表示通りに溶く）…… 2g
粉末ブイヨン …… 2g
たまねぎ …… 150g
サラダ油 …… 適量
カレー粉 …… 大さじ3
チリパウダー …… 小さじ1
はちみつ …… 大さじ1と1/3
塩、こしょう …… 各適量

作り方
1 小鍋に白ワインビネガーを入れて中火にかけ、煮詰める。水で溶いた粉寒天、粉末ブイヨンを合わせて加え入れ、沸騰したら弱火にして約1分火を通し、粗熱を取る。
2 フライパンにサラダ油を入れて中火にかけ、みじん切りにしたたまねぎを炒め、粗熱を取る。
3 ボウルにマヨネーズ、1、2を入れて手早く混ぜ合わせ、カレー粉、チリパウダー、はちみつを加え、塩、こしょうで味をととのえる。

Cheese & Herb
チーズ&ハーブ

材料（でき上がり約300g分）
マヨネーズ …… 200g
白ワインビネガー …… 大さじ2
粉末ブイヨン …… 2g
たまねぎ …… 100g
サラダ油 …… 適量
はちみつ …… 大さじ1と1/3
パルメザンチーズ …… 25g
エストラゴン …… 3g
塩、こしょう …… 各適量

作り方
1 フライパンにサラダ油を入れて中火にかけ、みじん切りにしたたまねぎを炒める。しんなりしたら、白ワインビネガーと粉末ブイヨンを加えて煮詰め、粗熱を取る。
2 ボウルにマヨネーズ、1を入れて手早く混ぜ合わせ、はちみつ、おろしたパルメザンチーズ、細かく刻んだエストラゴンを加え、塩、こしょうで味をととのえる。

Mustard & Pickles
マスタード&ピクルス

材料（でき上がり約300g分）
マヨネーズ …… 90g
市販のミックスピクルスの
　漬け汁 …… 大さじ2
水 …… 大さじ4
粉寒天（表示通りに溶く）…… 2g
粉末ブイヨン …… 2g
粒マスタード …… 大さじ4
チリパウダー …… 少々
市販のミックスピクルス …… 90g
はちみつ …… 大さじ1と1/3
塩、こしょう …… 各適量

作り方
1　小鍋に市販のミックスピクルスの漬け汁を入れて中火にかけ、煮詰める。水で溶いた粉寒天、粉末ブイヨンを合わせて加え入れ、沸騰したら弱火にして約1分火を通し、粗熱を取る。
2　ボウルに粒マスタードとチリパウダーを入れて練り合わせ、みじん切りにしたミックスピクルスを加えて混ぜる。
3　2のボウルにマヨネーズ、1を入れて手早く混ぜ合わせ、はちみつを加え、塩、こしょうで味をととのえる。

Red Turnip & Carrot
赤かぶ&キャロット

材料（でき上がり約300g分）
マヨネーズ …… 140g
白ワインビネガー …… 大さじ6
ビーツの缶汁 …… 大さじ2
粉寒天（表示通りに溶く）
　…… 2g
粉末ブイヨン …… 2g
たまねぎ …… 100g
オリーブ油 …… 適量
ビーツ（水煮缶詰）…… 60g
にんじん …… 60g
水 …… 少々
はちみつ …… 小さじ2
塩、こしょう …… 各適量

作り方
1　小鍋に白ワインビネガーを入れて中火にかけ、煮詰める。ビーツの缶汁で溶いた粉寒天、粉末ブイヨンを合わせて加え入れ、沸騰したら弱火にして約1分火を通し、粗熱を取る。
2　フライパンにオリーブ油を入れて中火にかけ、5mm角に切ったたまねぎを炒め、粗熱を取る。ビーツとにんじんも5mm角に切り、にんじんは耐熱容器にのせて水をふり、ラップをして電子レンジで約1分加熱し、粗熱を取る。
3　ボウルにマヨネーズ、1を入れて手早く混ぜ合わせ、はちみつ、2を加え、塩、こしょうで味をととのえる。

Mix Pepper
ミックスペッパー

材料（でき上がり約300g分）
マヨネーズ …… 220g
白ワインビネガー …… 大さじ2
粉末ブイヨン …… 少々
たまねぎ …… 100g
サラダ油 …… 適量
はちみつ …… 大さじ1と1/3
粒白こしょう …… 小さじ2
粒グリーンペッパー …… 小さじ2
粒ピンクペッパー …… 小さじ2
塩 …… 適量

作り方
1 フライパンにサラダ油を入れて中火にかけ、みじん切りにしたたまねぎを炒める。しんなりしたら、白ワインビネガーと粉末ブイヨンを加えて煮詰め、粗熱を取る。
2 ボウルにマヨネーズ、1を入れて手早く混ぜ合わせ、はちみつ、粗くひいた粒白こしょうと粒グリーンペッパーと粒ピンクペッパーを加え、塩で味をととのえる。

Spicy Onion
スパイシーオニオン

材料（でき上がり約300g分）
マヨネーズ …… 120g
白ワインビネガー …… 大さじ2
水 …… 大さじ4
粉寒天(表示通りに溶く) …… 2g
粉末ブイヨン …… 2g
たまねぎ …… 100g
サラダ油 …… 適量
市販の焼き肉のたれ …… 大さじ6
はちみつ …… 小さじ2
しょうが …… 20g
塩、こしょう …… 各適量

作り方
1 小鍋に白ワインビネガーを入れて中火にかけ、煮詰める。水で溶いた粉寒天、粉末ブイヨンを合わせて加え入れ、沸騰したら弱火にして約1分火を通し、粗熱を取る。
2 フライパンにサラダ油を入れて中火にかけ、みじん切りにしたたまねぎを炒め、粗熱を取る。
3 ボウルにマヨネーズ、1を入れて手早く混ぜ合わせ、市販の焼き肉のたれ、はちみつ、2、すりおろしたしょうがを加え、塩、こしょうで味をととのえる。

Avocado & Olive
アボカド&オリーブ

材料（でき上がり約300g分）
マヨネーズ …… 120g
白ワインビネガー …… 大さじ2
水 …… 大さじ4
粉寒天（表示通りに溶く）
　　…… 2g
粉末ブイヨン …… 2g
アボカド …… 160g（正味）
レモン汁 …… 大さじ2
黒オリーブ …… 10粒
はちみつ …… 小さじ2
塩、こしょう …… 各適量

作り方
1　小鍋に白ワインビネガーを入れて中火にかけ、煮詰める。水で溶いた粉寒天、粉末ブイヨンを合わせて加え入れ、沸騰したら弱火にして約1分火を通し、粗熱を取る。
2　アボカドは皮と種を取り除き、約60gはフォークで粒が残る程度につぶし、残りは5mm角に切る。それぞれレモン汁を大さじ1ずつ加え、変色を防ぐ。
3　ボウルにマヨネーズ、1を入れて手早く混ぜ合わせ、はちみつ、2のつぶしたアボカド、種を取り除いて粗みじんに切った黒オリーブを加えてざっくりと混ぜ合わせる。最後に2の残りのアボカドを加え、塩、こしょうで味をととのえる。

White Pickles
ホワイトピクルス

材料（でき上がり約300g分）
マヨネーズ …… 160g
市販のピクルスの漬け汁 …… 大さじ2
水 …… 大さじ4
粉寒天（表示通りに溶く）
　　…… 2g
粉末ブイヨン …… 2g
市販のピクルス（カリフラワーや
　たまねぎなど白い野菜）…… 80g
にんにく …… 1片
サラダ油 …… 適量
はちみつ …… 小さじ2
ディルシード …… 少々
レモン汁 …… 少々
塩、黒こしょう …… 各適量

作り方
1　小鍋に市販のピクルスの漬け汁を入れて中火にかけ、煮詰める。水で溶いた粉寒天、粉末ブイヨンを合わせて加え入れ、沸騰したら弱火にして約1分火を通し、粗熱を取る。
2　フライパンにサラダ油を入れて中火にかけ、みじん切りにしたにんにくをカリカリに炒め、粗熱を取る。
3　ボウルにマヨネーズ、1、みじん切りにした市販のピクルス、2のにんにくを入れて手早く混ぜ合わせ、はちみつ、ディルシード、レモン汁を加え、塩、黒こしょうで味をととのえる。

Mustard & Onion
マスタード&オニオン

材料（でき上がり約300g分）
マヨネーズ …… 140g
白ワインビネガー …… 大さじ2
水 …… 大さじ4
粉寒天（表示通りに溶く）
　…… 2g
粉末ブイヨン …… 2g
たまねぎ …… 150g
サラダ油 …… 適量
粒マスタード …… 大さじ3
練りからし …… 小さじ2
塩、こしょう …… 各適量

作り方
1　小鍋に白ワインビネガーを入れて中火にかけ、煮詰める。水で溶いた粉寒天、粉末ブイヨンを合わせて加え入れ、沸騰したら弱火にして約1分火を通し、粗熱を取る。
2　フライパンにサラダ油を入れて中火にかけ、みじん切りにしたたまねぎを炒め、粗熱を取る。
3　ボウルに粒マスタードと練りからしを入れて練り合わせ、マヨネーズ、1と2を加えて手早く混ぜ合わせ、塩、こしょうで味をととのえる。

Garlic & Pepper
ガーリック&ペッパー

材料（でき上がり約300g分）
マヨネーズ …… 160g
白ワインビネガー …… 大さじ2
水 …… 大さじ4
粉寒天（表示通りに溶く）
　…… 2g
粉末ブイヨン …… 2g
砂糖 …… 小さじ2
にんにく …… 4片
たまねぎ …… 150g
サラダ油 …… 適量
はちみつ …… 小さじ2
レモン汁 …… 少々
塩、黒粒こしょう …… 各適量

作り方
1　小鍋に白ワインビネガーを入れて中火にかけ、煮詰める。水で溶いた粉寒天、粉末ブイヨン、砂糖を合わせて加え入れ、沸騰したら弱火にして約1分火を通し、粗熱を取る。
2　フライパンにサラダ油を入れて中火にかけ、みじん切りにしたにんにくをカリカリに炒め、フライパンから取り出して粗熱を取る。同じフライパンにサラダ油を入れ、みじん切りにしたたまねぎを炒め、粗熱を取る。
3　ボウルにマヨネーズ、1と2を入れて手早く混ぜ合わせ、はちみつ、レモン汁を加え、塩、粗くひいた黒粒こしょうで味をととのえる。

Wafu Ume Katsuo
和風うめカツオ

材料（でき上がり約300g分）
マヨネーズ …… 160g
酢 …… 大さじ2
たまねぎ …… 120g
サラダ油 …… 適量
小うめ漬け（カリカリした食感のもの）…… 60g
はちみつ …… 小さじ2
塩、こしょう …… 各適量
カツオぶし …… 4g

作り方
1 フライパンにサラダ油を入れて中火にかけ、みじん切りにしたたまねぎを炒める。しんなりしたら、酢を加えて煮詰め、粗熱を取る。
2 ボウルにマヨネーズ、1、種を取り除いて細かく刻んだ小うめ漬けを入れて手早く混ぜ合わせ、はちみつを加え、塩、こしょうで味をととのえる。食べる直前に、カツオぶしを加える。

★カツオぶしは血合いの黒い部分が混ざったものを使うと苦味が強くなるので、黒い部分が混ざっていないものを使うこと。

Wafu Nori Shoyu
和風のりしょうゆ

材料（でき上がり約300g分）
マヨネーズ …… 160g
酢 …… 大さじ2
水 …… 大さじ4
粉寒天（表示通りに溶く）
　…… 2g
粉末ブイヨン …… 2g
たまねぎ …… 100g
サラダ油 …… 適量
もみのり …… 16g
しょうゆ …… 大さじ2と2/3
はちみつ …… 大さじ1と1/3
塩、こしょう …… 各適量

作り方
1 小鍋に酢を入れて中火にかけ、煮詰める。水で溶いた粉寒天、粉末ブイヨンを合わせて加え入れ、沸騰したら弱火にして約1分火を通し、粗熱を取る。
2 フライパンにサラダ油を入れて中火にかけ、みじん切りにしたたまねぎを炒め、粗熱を取る。
3 ボウルにマヨネーズ、1を入れて手早く混ぜ合わせ、2、もみのり、しょうゆ、はちみつを加え、塩、こしょうで味をととのえる。

Wafu Negi Goma
和風ねぎごま

材料（でき上がり約300g分）
マヨネーズ …… 150g
酢 …… 大さじ3
市販のめんつゆ …… 大さじ4
粉寒天（表示通りに溶く）
　…… 2g
たまねぎ …… 100g
サラダ油 …… 適量
万能ねぎ …… 少々
白煎りごま …… 大さじ4
はちみつ …… 大さじ1と1/3
塩、こしょう …… 各適量

作り方
1　小鍋に酢を入れて中火にかけ、煮詰める。市販のめんつゆで溶いた粉寒天を加え入れ、沸騰したら弱火にして約1分火を通し、粗熱を取る。
2　フライパンにサラダ油を入れて中火にかけ、みじん切りにしたたまねぎを炒め、粗熱を取る。
3　ボウルにマヨネーズ、1、2を入れて手早く混ぜ合わせ、小口切りにした万能ねぎ、白煎りごま、はちみつを加え、塩、こしょうで味をととのえる。

Wafu Akajiso Conbu
和風赤じそ昆布

材料（でき上がり約300g分）
マヨネーズ …… 220g
酢 …… 大さじ2
たまねぎ …… 100g
サラダ油 …… 適量
粉末の赤じそ …… 大さじ1と1/3
粉末の昆布茶 …… 8g
はちみつ …… 大さじ1と1/3
塩、こしょう …… 各適量

作り方
1　フライパンにサラダ油を入れて中火にかけ、みじん切りにしたたまねぎを炒める。しんなりしたら、酢を加えて煮詰め、粗熱を取る。
2　ボウルにマヨネーズ、1、粉末の赤じそ、粉末の昆布茶、はちみつを入れて手早く混ぜ合わせ、塩、こしょうで味をととのえる。

Cheese & Butter
チーズ&バター

材料（でき上がり約300g分）
マヨネーズ …… 160g
白ワインビネガー …… 大さじ2
粉末ブイヨン …… 1g
たまねぎ …… 100g
サラダ油 …… 適量
バター …… 80g
はちみつ …… 小さじ2
パルメザンチーズ …… 25g
塩、こしょう …… 各適量
お好みでレモン汁 …… 少々

作り方
1 フライパンにサラダ油を入れて中火にかけ、みじん切りにしたたまねぎを炒める。しんなりしたら、白ワインビネガーと粉末ブイヨンを加えて煮詰め、粗熱を取る。
2 ボウルにやわらかくしておいたバターとはちみつを入れて混ぜ合わせる。
3 2のボウルにマヨネーズ、1、おろしたパルメザンチーズを入れて手早く混ぜ合わせ、塩、こしょうで味をととのえる。酸味がたりなければ、お好みでレモン汁を加える。

Demiglace
デミグラス

材料（でき上がり約300g分）
マヨネーズ …… 140g
白ワインビネガー …… 大さじ2
水 …… 大さじ4
粉寒天（表示通りに溶く） …… 2g
粉末ブイヨン …… 2g
たまねぎ …… 60g
にんじん …… 30g
セロリ …… 30g
サラダ油 …… 適量
市販のトマトピューレ …… 小さじ2
白ワイン …… 大さじ2
市販のデミグラスソース …… 60g
はちみつ …… 小さじ2
塩、こしょう …… 各適量

作り方
1 小鍋に白ワインビネガーを入れて中火にかけ、煮詰める。水で溶いた粉寒天、粉末ブイヨンを合わせて加え入れ、沸騰したら弱火にして約1分火を通し、粗熱を取る。
2 フライパンにサラダ油を入れて中火にかけ、みじん切りにしたたまねぎとにんじんとセロリを炒め、市販のトマトピューレを加えて軽く炒め、白ワインを加えて煮詰める。粗熱が取れたら、1と混ぜ合わせる。
3 ボウルにマヨネーズ、2を入れて手早く混ぜ合わせ、市販のデミグラスソース、はちみつを加え、塩、こしょうで味をととのえる。

Spotted Shrimp
サクラエビ

材料（でき上がり約230g分）
マヨネーズ
- 卵黄 …… 1個分
- マスタード …… 小さじ1
- 酢 …… 大さじ1
- はちみつ …… 小さじ1
- サラダ油 …… 200ml

サクラエビ …… 10g
塩、こしょう …… 各適量
お好みでチリペッパー …… 少々

作り方
1. フライパンにサラダ油100mlを入れて中火にかけ、熱くなってきたらサクラエビを加える。出てくる泡が小さくなって香りが立ってきたら、サクラエビを取り出す。サラダ油は耐熱容器に移し入れ、残りのサラダ油を加えて常温で冷ます。
2. マヨネーズを作る。ボウルに卵黄、マスタード、酢、はちみつを入れて混ぜ、1の冷めたサラダ油を少しずつ加えて混ぜ合わせる。
3. 2のボウルに1のサクラエビを加え、塩、こしょうで味をととのえる。辛味がたりなければ、お好みでチリペッパーを加える。

Ailloli
アイオリ

材料（でき上がり約230g分）
- にんにく …… 2片
- 茹で卵の黄身 …… 1個分
- 卵黄 …… 1個分
- マスタード …… 小さじ1
- レモン汁 …… 少々
- 酢 …… 大さじ1
- サラダ油 …… 150ml
- 塩、こしょう …… 各適量

作り方
1. にんにくはすりおろし、茹で卵の黄身はこしておく。
2. ボウルに卵黄、マスタード、レモン汁、酢を入れて混ぜ、サラダ油を少しずつ加えて混ぜ合わせる。
3. 2のボウルに1を加え、塩、こしょうで味をととのえる。

Miso Dip
味噌ディップ

味噌を使った、これぞまさしく日本のディップ。
ごはんにのせて食べれば、どこか懐かしい味わいです。
味噌ディップと相性がいいのは、豆腐に厚揚げ、焼いた魚や肉、生野菜など。
日本酒や焼酎のつまみにするなら、
そのまま食べたり、焼きのりや大葉に包んだりしてもおいしいんです！

【味噌ディップ】

材料（でき上がり約115g分）

合わせ味噌 …… 80g
※68ページ参照
砂糖 …… 大さじ3
酒 …… 小さじ1
みりん …… 小さじ1

作り方
ボウルにすべての材料を入れてよく練り合わせる。

★甘めの配合なので、辛くしたい場合は砂糖を控えめに。

Kurogoma & Yakininniku
黒ごま＆焼きにんにく

材料（でき上がり約100g分）

味噌ディップ …… 75g
※左記参照
にんにく …… 20g
サラダ油 …… 大さじ1
黒すりごま …… 5g
ごま油 …… 小さじ2

作り方
1 フライパンにサラダ油を入れて中火にかけ、みじん切りにしたにんにくをカリカリに炒め、粗熱を取る。
2 ボウルに味噌ディップ、1、黒すりごま、ごま油を入れて混ぜ合わせる。

おいしいアイディア

酢でのばして、寄せ鍋など鍋料理のつけダレに。また焼き肉のタレとしてもよく合います。

Negi ねぎ

材料（でき上がり約100g分）

味噌ディップ …… 70g
※26ページ参照
長ねぎ …… 20g
ごま油 …… 小さじ2

作り方

ボウルに味噌ディップ、みじん切りにした長ねぎ、ごま油を入れて混ぜ合わせる。

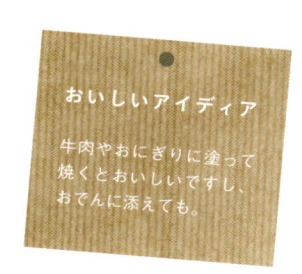

おいしいアイディア

牛肉やおにぎりに塗って焼くとおいしいですし、おでんに添えても。

Umakara Konsai うま辛根菜

材料（でき上がり約100g分）

味噌ディップ …… 50g
※26ページ参照

市販の根菜の味噌漬け
　（だいこん、にんじん、
　れんこんなど）
　　…… 50g

作り方

ボウルに味噌ディップ、細かく刻んだ市販の根菜の味噌漬けを入れて混ぜ合わせる。

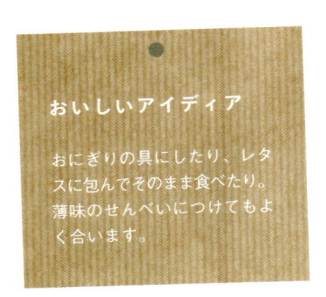

おいしいアイディア

おにぎりの具にしたり、レタスに包んでそのまま食べたり。薄味のせんべいにつけてもよく合います。

Fuki ふき

材料（でき上がり約100g分）
味噌ディップ …… 50g
※26ページ参照
市販のふきのとう煮 …… 50g

作り方
ボウルに味噌ディップ、粗みじんに切った市販のふきのとう煮を入れて混ぜ合わせる。

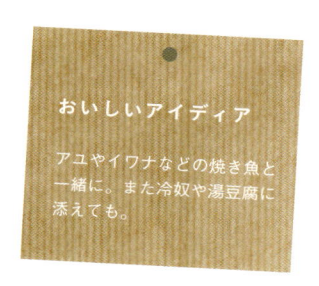

おいしいアイディア
アユやイワナなどの焼き魚と一緒に。また冷奴や湯豆腐に添えても。

Aotogarashi 青とうがらし

材料（でき上がり約100g分）
味噌ディップ …… 90g
※26ページ参照
青とうがらし …… 10g

作り方
ボウルに味噌ディップ、粗みじんに切った青とうがらしを入れて混ぜ合わせる。

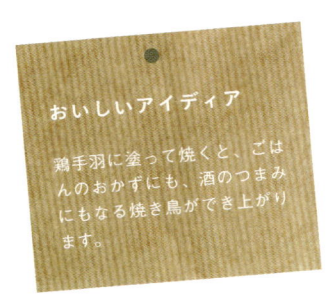

おいしいアイディア

鶏手羽に塗って焼くと、ごはんのおかずにも、酒のつまみにもなる焼き鳥ができ上がります。

Wasabi わさび

材料(でき上がり約100g分)
味噌ディップ …… 70g
※26ページ参照
生わさび …… 30g

作り方
ボウルに味噌ディップ、すりおろした生わさび20gと2〜3mm角に切った残りの生わさびを入れて混ぜ合わせる。

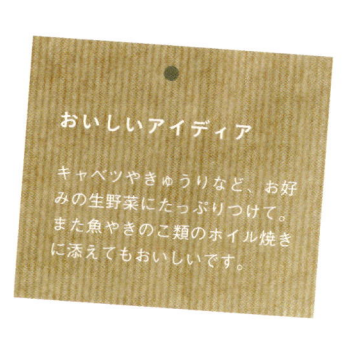

おいしいアイディア

キャベツやきゅうりなど、お好みの生野菜にたっぷりつけて。また魚やきのこ類のホイル焼きに添えてもおいしいです。

薬味になる和風ディップ

セルフィユの本社に、近隣の農家から大量のねぎが届きました。
おいしいねぎをなんとかディップに仕立てたいと考えた末、
たどり着いたのは、焼き肉のタン塩としょうゆベースのタレの味でした。
試行錯誤の結果、風味豊かなねぎを使った和風ディップが完成!!
肉や野菜につけるだけでなく、おにぎりの具、鍋のつけダレ、
そばやうどん、冷奴や湯豆腐の薬味などにも、どうぞ。

ねぎ塩カツオ

材料（でき上がり約150g分）

- しょうが …… 3g
- にんにく …… 2g
- 一味とうがらし …… 少々
- 長ねぎ …… 110g
- ごま油 …… 大さじ2
- 水 …… 140ml
- 砂糖 …… 小さじ2
- 塩 …… 小さじ1/2〜1
- 白煎りごま …… 大さじ1
- カツオぶし …… 4g

作り方

1 フライパンにごま油を入れて中火にかけ、すりおろしたしょうがとにんにく、一味とうがらしを炒める。香りが立ってきたら、みじん切りにした長ねぎを加えて弱火にし、しんなりするまで炒める。

2 1に水、砂糖、塩を入れ、弱火でペースト状になるまでゆっくりと煮詰める。

3 最後に白煎りごま、カツオぶしを加えて混ぜ合わせる。

....

★長ねぎは辛味を取るためにゆっくりと弱火で炒める。
★カツオぶしは血合いの黒い部分が混ざったものを使うと苦味が強くなるので、黒い部分が混ざっていないものを使うこと。

ねぎしょうゆ

材料（でき上がり約150g分）

- しょうが …… 3g
- にんにく …… 2g
- 一味とうがらし …… 少々
- 長ねぎ …… 110g
- ごま油 …… 大さじ2
- 水 …… 110ml
- りんご酢 …… 大さじ1
- 砂糖 …… 大さじ1
- しょうゆ …… 大さじ2
- 白煎りごま …… 大さじ1

作り方

1 フライパンにごま油を入れて中火にかけ、すりおろしたしょうがとにんにく、一味とうがらしを炒める。香りが立ってきたら、みじん切りにした長ねぎを加えて弱火にし、しんなりするまで炒める。

2 1に水、りんご酢、砂糖、しょうゆを入れ、弱火でペースト状になるまでゆっくりと煮詰める。

3 最後に白煎りごまを加えて混ぜ合わせる。

....

★長ねぎは辛味を取るためにゆっくりと弱火で炒める。

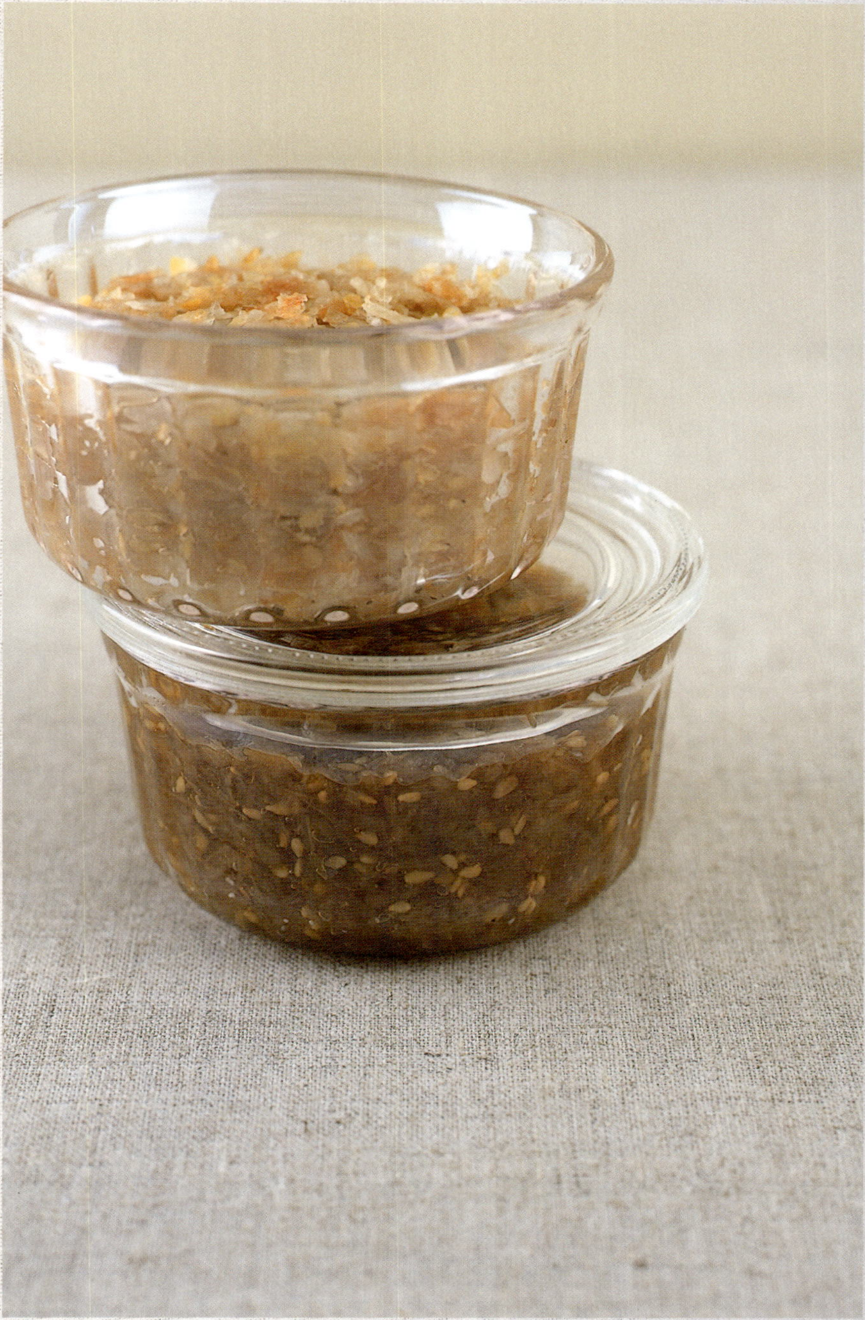

Cream Cheese Dip
クリームチーズディップ

たっぷりのクリームチーズに、
フルーツのジャム、ナッツやチョコレートを混ぜ込んだディップです。
バゲットやベーグルにつけるだけでなく、
市販のお菓子とコラボレーションさせて、ユニークなアレンジを楽しんでください。

クリームチーズディップのお菓子

お好みのクリームチーズディップと、
カリカリのクッキーや
サクサクのウエハースとの組み合わせが、新鮮！
薄くスライスした食パンに、
クリームチーズディップを均等に塗って、
くるくると巻き、食べやすい大きさにカットすれば、
楽しいおやつのでき上がり！
カステラにサンドするだけでも、
こんなにおいしそうなお菓子に変身します。

Cream Cheese Dip

Prune & Yogurt
プルーン&ヨーグルト

材料（でき上がり約200g分）

クリームチーズ …… 100g
プレーンヨーグルト …… 200g
グラニュー糖 …… 20g
セミドライプルーン …… 3粒

作り方

1 プレーンヨーグルトはキッチンペーパーやさらしをしいたこし器に入れ、2～3時間水きりする。
2 ボウルに室温においてやわらかくしたクリームチーズを入れてよく練り、1のプレーンヨーグルト、グラニュー糖を加えて混ぜ合わせ、細切りにしたセミドライプルーンを混ぜる。

Strawberry
ストロベリー

材料（でき上がり約200g分）

クリームチーズ …… 100g
ストロベリージャム
　いちご …… 100g
　グラニュー糖 …… 80g
　レモン汁 …… 1/2個分

作り方

1 ストロベリージャムを作る。いちごはよく洗ってへたを取る。鍋につぶしたいちご50g、残りの粒のままのいちご、グラニュー糖、レモン汁を入れて強めの中火にかけ、あくを取りながら煮る。あくが出なくなったら火を消し、粗熱を取る。
2 ボウルに室温においてやわらかくしたクリームチーズを入れてよく練り、1のストロベリージャム約100gを加えて混ぜ合わせる。

Orange & Cheese
オレンジ&チーズ

材料（でき上がり約200g分）
クリームチーズ …… 100g
オレンジジャム
　オレンジの果肉 …… 100g
　グラニュー糖 …… 80g
　レモン汁 …… 1/2個分
　オレンジピール …… 20g
プロセスチーズ …… 30g

作り方
1　オレンジジャムを作る。鍋にオレンジの果肉、グラニュー糖、レモン汁、細かく切ったオレンジピールを入れて強めの中火にかけ、あくを取りながら煮る。あくが出なくなったら火を消し、粗熱を取る。
2　ボウルに室温においてやわらかくしたクリームチーズを入れてよく練り、1のオレンジジャム約100g、5mm角のさいころ状に切ったプロセスチーズを加えて混ぜ合わせる。

Kiwi & Apricot Seed
キウイ&杏仁

材料（でき上がり約200g分）
クリームチーズ …… 100g
キウイ杏仁ジャム
　キウイの果肉 …… 100g
　グラニュー糖 …… 80g
　レモン汁 …… 1/2個分
　杏仁霜 …… 10g

作り方
1　キウイ杏仁ジャムを作る。鍋にフードプロセッサーにかけたキウイの果肉、グラニュー糖、レモン汁、杏仁霜を入れて強めの中火にかけ、あくを取りながら煮る。あくが出なくなったら火を消し、粗熱を取る。
※フードプロセッサーがない場合は、なるべく細かくみじん切りにする。
2　ボウルに室温においてやわらかくしたクリームチーズを入れてよく練り、1のキウイ杏仁ジャム約100gを加えて混ぜ合わせる。

★杏仁霜とは、あんずの種の中身を乾燥させて粉末にしたもの。

Walnuts & Chocolate
くるみ&チョコレート

材料（でき上がり約200g分）

クリームチーズ …… 160g
グラニュー糖 …… 10g
くるみ …… 20g
製菓用チョコレート …… 40g

作り方

1 くるみは160℃に温めておいたオーブンで約10分ローストしたあと、ざくざくと刻む。製菓用チョコレートは削るように細かく刻む。
2 ボウルに室温においてやわらかくしたクリームチーズとグラニュー糖を入れてよく練り、1のくるみとチョコレートを加えて混ぜ合わせる。

Caramel Cheese Cake
キャラメルチーズケーキ

材料（でき上がり約200g分）

クリームチーズ …… 100g
キャラメルクリーム
　グラニュー糖 …… 100g
　水 …… 50ml
　生クリーム …… 150ml

作り方

1 キャラメルクリームを作る。鍋にグラニュー糖と水を入れて弱火にかける。色が変わってきたら、鍋をゆすって全体をあめ色にする。まんべんなくあめ色になって赤褐色に変わってきたら火を消し、生クリームを少しずつ入れてよく混ぜ合わせ、粗熱を取る。
2 ボウルに室温においてやわらかくしたクリームチーズを入れてよく練り、1のキャラメルクリーム約100gを加えて混ぜ合わせる。

Chocolate Chips
& Biscuit
チョコチップ&ビスケット

材料（でき上がり約200g分）
クリームチーズ …… 150g
グラニュー糖 …… 15g
チョコチップ …… 10g
ビスケット …… 3枚

作り方
ボウルに室温においてやわらかくしたクリームチーズとグラニュー糖を入れてよく練り、チョコチップと粗く砕いたビスケットを加えて混ぜ合わせる。

Rare Cheese
レアチーズ

材料（でき上がり約230g分）
クリームチーズ …… 120g
サワークリーム …… 80g
グラニュー糖 …… 30g
レモン汁 …… 小さじ1

作り方
ボウルに室温においてやわらかくしたクリームチーズとサワークリーム、グラニュー糖、レモン汁を順に入れて、クリーム状になるまで混ぜ合わせる。

Green Tea & Azuki
抹茶&あずき

材料（でき上がり約200g分）

クリームチーズ …… 150g
グラニュー糖 …… 30g
抹茶 …… 6g
熱湯 …… 10ml
ゆであずき …… 適量

作り方

1 ボウルに室温においてやわらかくしたクリームチーズとグラニュー糖を入れてよく練り、熱湯で溶いた抹茶を加えて混ぜ合わせる。
2 1とゆであずきを交互に重ねる。

Coconuts & White Chocolate
ココナッツ&ホワイトチョコレート

材料（でき上がり約250g分）

クリームチーズ …… 150g
グラニュー糖 …… 15g
ココナッツパウダー …… 30g
ココナッツミルク …… 大さじ1と1/3
ホワイトチョコチップ …… 40g

作り方

ボウルに室温においてやわらかくしたクリームチーズ、グラニュー糖、ココナッツパウダー、ココナッツミルク、ホワイトチョコチップを順に入れて、クリーム状になるまで混ぜ合わせる。

Coffee & Peanuts
コーヒー&ピーナッツ

材料（でき上がり約250g分）

クリームチーズ …… 160g
グラニュー糖 …… 30g
インスタントコーヒー …… 4g
熱湯 …… 4ml
ピーナッツ …… 45g
はちみつ …… 10g

作り方

ボウルに室温においてやわらかくしたクリームチーズとグラニュー糖を入れてよく練り、熱湯で溶いたインスタントコーヒー、粗く刻んだピーナッツ、はちみつを加えて混ぜ合わせる。

Cherry
グリオットチェリー

材料（でき上がり約200g分）

クリームチーズ …… 100g
グリオットチェリージャム
　グリオットチェリー（冷凍）
　　…… 100g
　グラニュー糖 …… 80g
　レモン汁 …… 1/2個分

作り方

1　グリオットチェリージャムを作る。鍋に自然解凍させたグリオットチェリー、グラニュー糖、レモン汁を入れて強めの中火にかけ、あくを取りながら煮る。あくが出なくなったら火を消し、粗熱を取る。

2　ボウルに室温においてやわらかくしたクリームチーズを入れてよく練り、1のグリオットチェリージャム約100gを加えて混ぜ合わせる。

ケチャップがわりの

トマトレリッシュ

トマトレリッシュとはケチャップ風調味料のことですが、
トマトの酸味とコーンの甘さが絶妙にマッチしたセルフィユのトマトレリッシュは、
ソーセージにつけたり、オムレツのソースにしたり、
ケチャップのかわりとしてはもちろん、ソースとしても使えます。
パンやベーグルにたっぷり塗って、
その上にハムやベーコン、ピザ用シュレッドチーズをのせ、
オーブントースターで焼いてもおいしいですよ!!

トマトレリッシュ

材料（でき上がり約150g分）
たまねぎ …… 10g
赤ピーマン …… 15g
ビーツ（水煮缶詰）…… 25g
ホールコーン（缶詰）…… 30g
塩、こしょう …… 各適量

A
市販のりんごピューレ …… 15g
市販のトマトピューレ …… 30g
りんご酢 …… 大さじ2と1/3
水 …… 大さじ1
粉末ブイヨン …… 1g
オレガノ、マジョラム、ディル
　…… 各適量

作り方

1 たまねぎ、赤ピーマン、ビーツ、Aをフードプロセッサーにかけてペースト状にする。
※フードプロセッサーがない場合は、なるべく細かくみじん切りにする。

2 1にホールコーンを入れて混ぜ合わせ、塩、こしょうで味をととのえる。

★Aの材料に、〔にんにく1/2片〕を加えたらにんにく風味に、〔カイエンヌペッパー0.5g〕を加えたらチリ風味になる。
★市販のりんごピューレが手に入らない場合は、すりおろしたりんごと少量のレモン汁、砂糖を煮詰めたものを使ってもいい。

塗ったり、混ぜたり、料理に添えたりと
とにかく出番が多いペーストです。
今回、セルフィユで人気の高い12種類のペーストの他に
ペーストを使ったアイディア料理のレシピも特別にご紹介！
主役としてだけでなく、名脇役としても
おいしさをひき立てるペーストをレパートリーに加えてください。

Paste

ペーストは作りたてを食べるのがベストですが、密閉容器で冷蔵保存すれば、夏場は2〜3日、冬場は4〜5日くらいまでおいしく食べられます。

Black Olive & Anchovy
黒オリーブ&アンチョビ

材料（でき上がり約160g分）
黒オリーブ …… 70g
たまねぎ …… 50g
アンチョビ（フィレ）…… 30g
黒オリーブの漬け汁
　　…… 大さじ1と1/3
オリーブ油 …… 大さじ4
オレガノ（乾燥でもOK）
　　…… 適量
塩、こしょう …… 各適量

作り方
1 黒オリーブは種を取り除く。フライパンにオリーブ油適量（分量外）を入れて中火にかけ、みじん切りにしたたまねぎをしんなりするまで炒める。
2 1の黒オリーブとたまねぎ、アンチョビをフードプロセッサーにかけてペースト状にする。
　※フードプロセッサーがない場合は、なるべく細かくみじん切りにする。
3 2のペーストに黒オリーブの漬け汁、オリーブ油、みじん切りにしたオレガノを加えて混ぜ合わせ、塩、こしょうで味をととのえる。

★アンチョビはペーストよりフィレがおすすめ。
★乾燥オレガノを使う場合は、手でもみながら入れると香りがひき立つ。

南フランス・プロヴァンス地方の伝統的なオリーブのペースト「タプナード」をセルフィユ流にアレンジしました。

南フランスでは、薄く切ったバゲット、
にんじんやセロリ、きゅうりなどの生野菜スティック、
茹で卵、茹でたじゃがいもにつけるのが定番の食べ方ですが、
アンチョビの塩気がきいているので、パスタやクスクスにからめてもグッド！
またローストチキンなどの鶏肉料理や、
キンメダイやタラなど、たんぱくな白身魚を使った料理にもよく合います。

ポテトフライ&オリーブの彩りタプナードサラダ

材料（2人分）

新じゃがいも（冷凍でもOK）
　…… 200g
オリーブ油 …… 適量
ベビーリーフ …… 適量
ミニトマト（赤・黄・オレンジ）
　…… 合わせて6個
黒オリーブ …… 3粒
緑オリーブ …… 3粒
乾燥タイム …… 少量
黒オリーブ&アンチョビの
　ペースト …… 30〜40g

作り方

1 フライパンにオリーブ油を入れて中火にかけ、皮付きのまま幅5mmに切った新じゃがいもの両面をこんがり焼く。
2 1のじゃがいもと黒オリーブ&アンチョビのペーストを合わせる。
3 器にベビーリーフをしいて2を盛り、半分に切った3色のミニトマト、黒・緑オリーブを飾り、乾燥タイムを散らす。

★冷凍じゃがいもを使う場合は、180℃のサラダ油できつね色に揚げる。

Tomato & Squid Ink
トマト&イカすみ

材料（でき上がり約160g分）

トマト …… 280g
たまねぎ …… 30g
セロリ …… 20g
にんじん …… 20g
オリーブ油 …… 適量
酢 …… 大さじ1
粉末ブイヨン …… 1g
イカすみ（パック入り）…… 4g
塩、黒こしょう …… 各適量

トマトだけでなく、
たまねぎ、セロリ、にんじんと
野菜が主役のヘルシーな黒いペーストです。

作り方

1. トマトは湯むきして皮を取り除き、フードプロセッサーにかけてペースト状にしたあと、ざるでこす。
   ※フードプロセッサーがない場合は、なるべく細かくみじん切りにする。
2. フライパンにオリーブ油を入れて中火にかけ、みじん切りにしたたまねぎとセロリとにんじんをしんなりするまで炒める。
3. 鍋に1のペースト、2の野菜類、酢、粉末ブイヨンを入れて弱火にかけ、全体が半量になるまで煮詰める。
4. 最後にイカすみを加えて混ぜ合わせ、塩、黒こしょうで味をととのえる。

今ではすっかりおなじみのイカすみを、
たっぷりの野菜と組み合わせたペーストです。
パスタソース、リゾットなどの
煮込み料理によく合いますが、
春雨やビーフンなどの味付けにも使えます。
またイカ焼きのソースや
魚介サラダのドレッシングにも最適です。

イカ&生ハムのイカすみリゾット

材料（2人分）

- イカ …… 80g
- バター …… 30g
- 白ワイン …… 大さじ2
- 生ハム …… 4枚
- たまねぎ … 60g
- 米 …… 150g
- 水 …… 450〜500ml
- 粉末チキンブイヨン …… 4g
- パルメザンチーズ …… 10g
- 塩、黒こしょう …… 各適量
- セルフイユ …… 適量
- トマト&イカすみのペースト …… 100g

作り方

1. 鍋に水と粉末チキンブイヨンを入れて中火にかけ、温める。
2. 別鍋にバター15gを入れて中火にかけ、食べやすい大きさに切ったイカを炒める。イカに火が通ったら白ワインをふり入れて香りづけし、イカを取り出す。生ハム2枚は2〜3等分に切る。
3. 別鍋に残りのバターを入れて中火にかけ、みじん切りにしたたまねぎを炒める。たまねぎが透き通ったら、米を洗わずに入れ、米粒が熱くなるまで炒める。
4. 3の鍋に2の白ワイン、トマト&イカすみのペースト、米がひたひたになる分量の1を入れて、混ぜながら煮込む。水分がなくなってきたら、残りの1を注ぎたし、この作業を繰り返しながら、米に火を通す。焦げつきやすいので、絶えずかき混ぜること。
5. 米にしっかり火が通ったら、2のイカと生ハム、おろしたパルメザンチーズを加えて混ぜ合わせ、塩、黒こしょうで味をととのえる。
6. 器に5を盛り付け、残りの生ハム、薄く削ったパルメザンチーズ適量（分量外）、セルフイユを飾る。

★鍋の大きさや米の水分量などによって加えるブイヨンの量が変わるので、様子を見ながら調整して。

新鮮なバジルが出回る夏、南フランスの家庭では、
おかあさんが1年分のバジルのペーストをせっせと手作りするそうです。
できたてのペーストを使ったスープは、
夏の南フランスを代表する郷土料理。
野菜や豆がたっぷり入った具だくさんスープを飲んで、
暑気払いをするのだとか。
香り豊かなペーストは、スープだけでなく、
冷製パスタソースや茹で野菜、青魚のグリルに添えても。

緑の野菜&いんげん豆の具だくさんスープ

材料（2人分）

じゃがいも …… 50g
ズッキーニ …… 30g
長ねぎ …… 30g
さやいんげん …… 50g
いんげん豆（水煮缶詰）…… 50g
オリーブ油 …… 適量
水 …… 250〜300ml
粉末チキンブイヨン …… 4g
塩、こしょう …… 各適量
バジル …… 適量
グリーンソース …… 35g

作り方

1 じゃがいもとズッキーニは1cmの角切り、長ねぎは幅1cmの小口切り、さやいんげんは下茹でして氷水にとり、水気をきって幅1cmに切る。
2 鍋にオリーブ油を入れて中火にかけ、1の長ねぎをしんなりするまで炒める。1のじゃがいもを入れて炒め、水と粉末チキンブイヨンを加え、じゃがいもがやわらかくなるまで煮る。
3 2に1のズッキーニとさやいんげん、いんげん豆を加えてさらに煮込み、最後にグリーンソースを加えて混ぜ合わせ、塩、こしょうで味をととのえる。
4 器に3を盛り付け、バジルを飾る。

★緑の野菜は煮すぎると色が悪くなるので、注意して。

南フランス・プロヴァンス地方の
緑鮮やかなバジルのペースト「ピストゥ」の
セルフィユ流のレシピです。

Green Sauce
グリーンソース

材料（でき上がり約160g分）

松の実 …… 20g
たまねぎ …… 50g
にんにく …… 1と1/2片
バジル …… 8g
酢 …… 大さじ3
オリーブ油 …… 大さじ2
砂糖 …… 小さじ2
塩、こしょう …… 各適量

作り方

1 松の実は160℃に温めておいたオーブンで表面がきつね色になるまでローストして、粗熱を取る。
2 1の松の実、たまねぎ、にんにく、バジルをフードプロセッサーにかけてペースト状にする。
※フードプロセッサーがない場合は、なるべく細かくみじん切りにする。
3 2のペーストに酢、オリーブ油、砂糖を加えて混ぜ合わせ、塩、こしょうで味をととのえる。

★松の実は必ずローストして、香ばしい風味をひき立たせること。

チャツネといえば、インドのマンゴーチャツネが有名ですが、
長野に本社を構えるセルフィユならでは、
こちらはりんごを使ったチャツネです。
カレーの隠し味に使うのはもちろん、
ステーキやハンバーグ、から揚げなどの肉料理のソースに。
またサラダ油と酢と粒マスタードでのばせば、簡単ドレッシングにも。

ホタテのソテー パプリカチャツネソース

材料（2人分）

グリーンアスパラガス …… 6本
ホタテ貝柱 …… 6個
オリーブ油 …… 大さじ1
白ワイン …… 大さじ2
水 …… 大さじ2
塩、こしょう …… 各適量
イタリアンパセリ …… 適量
パプリカチャツネ …… 40〜50g

作り方

1 グリーンアスパラガスは根元の皮をむき、塩茹でにして氷水にとり、水気をきる。
2 フライパンにオリーブ油を入れて中火にかけ、塩、こしょうを軽くふった1のグリーンアスパラガスとホタテ貝柱を焼く。軽く焦げ目がついたら、白ワインを入れて香りづけし、グリーンアスパラガスとホタテ貝柱を取り出す。
3 2のフライパンに水、パプリカチャツネを加えて沸騰させ、塩、こしょうで味をととのえる。
4 器に3のソースを広げ入れ、その上にグリーンアスパラガスとホタテ貝柱を盛り付け、粗みじんに切ったイタリアンパセリを散らす。

Paprika Chutney
パプリカチャツネ

材料（でき上がり約160g分）

- 赤パプリカ …… 大1個
- たまねぎ …… 50g
- 酢 …… 120ml
- オリーブ油 …… 適量
- 市販のりんごピューレ …… 20g
- 砂糖 …… 大さじ1と1/3
- マスタードシード …… 小さじ1
- チリパウダー …… 1g
- 塩、こしょう、黒こしょう …… 各適量

作り方

1. 赤パプリカは6等分にして種を取り除き、耐熱容器にのせてオリーブ油、塩、こしょうをかけて、100℃に温めておいたオーブンで約1時間ローストし、乾燥させる。
2. フライパンにオリーブ油を入れて中火にかけ、みじん切りにしたたまねぎをしんなりするまで炒め、酢を加えて煮きり、粗熱を取る。
3. 1の赤パプリカ、2のたまねぎ、市販のりんごピューレをフードプロセッサーにかけてペースト状にする。
   ※フードプロセッサーがない場合は、なるべく細かくみじん切りにする。
4. 鍋に3のペースト、砂糖、マスタードシードを入れて弱火にかけ、水分がなくなるまで煮詰め、チリパウダー、塩、黒こしょうで味をととのえる。

★市販のりんごピューレが手に入らない場合は、すりおろしたりんごと少量のレモン汁、砂糖を煮詰めたものを使ってもいい。

赤パプリカとたまねぎ、りんごを使ったフルーティなチャツネはちょっとピリ辛で忘れられない味わいです。

セルフィユのイタリアントマトは
ズッキーニを使って作る
ユニークなレシピです。

Italian Tomato
イタリアントマト

材料（でき上がり約160g分）

トマト …… 大1個
酢 …… 大さじ3
にんにく …… 1/4片
ズッキーニ …… 30g
マッシュルーム …… 30g
チリパウダー …… 小さじ1/2～1
オリーブ油 …… 適量

市販のトマトピューレ …… 35g
白ワイン …… 大さじ1
水 …… 大さじ2
粉末チキンブイヨン …… 3g
パルメザンチーズ …… 5g
塩、こしょう …… 各適量

作り方
1 トマトは湯むきして皮と種を取り除き、粗く刻む。小鍋に酢を入れて中火にかけ、煮きる。
2 フライパンにオリーブ油を入れて中火にかけ、みじん切りにしたにんにくを炒める。香りが立ってきたら、5mmの角切りにしたズッキーニとマッシュルーム、チリパウダーを加えてしんなりするまで炒める。
3 2に1のトマト、市販のトマトピューレを入れて約1分炒め、白ワインを加えて煮詰める。水と粉末チキンブイヨンを加えて煮立て、1の酢を混ぜ合わせる。
4 最後におろしたパルメザンチーズを加えて混ぜ合わせ、塩、こしょうで味をととのえる。

タコ&イカのトマトマリネ

材料（2人分）
ボイルダコ …… 80g
ボイルイカ …… 80g
きゅうり …… 30g
セロリ …… 30g
オリーブ油 …… 大さじ1
白ワインビネガー …… 大さじ1
タイム …… 少々
塩、こしょう …… 各適量
サラダ菜 …… 適量
イタリアントマトのペースト …… 30g

作り方
1 ボイルダコと格子状に切り目を入れたボイルイカはひと口大、板ずりしたきゅうりは乱切り、セロリは幅5mmに切る。
2 オリーブ油、白ワインビネガー、イタリアントマトのペーストを混ぜ合わせる。
3 1の具材と2のソース、ちぎったタイムを合わせ、塩、こしょうで味をととのえ、冷蔵庫で約1時間、味をなじませる。
4 器にサラダ菜をしき、3を盛り付ける。

★お好みでレモン汁を加えてもいい。

バルケット

材料（2人分）
市販のクラッカーやパイなど…… 6枚
A
　スモークサーモン …… 2枚
　たまねぎ …… 適量
　ケイパー …… 適量
B
　モッツァレッラチーズ …… 40g
　赤ミニトマト …… 1個
　黄ミニトマト …… 1個
　ディル、セルフイユ …… 各適量
イタリアントマトのペースト …… 適量

作り方
1 Aの材料を用意する。市販のクラッカーやパイ2枚にイタリアントマトのペーストを塗り、スモークサーモンと薄く切ったたまねぎをのせ、ケイパーを飾る。
2 Bの材料を用意する。市販のクラッカーやパイ4枚にスライスしたモッツァレッラチーズをのせ、イタリアントマトのペーストを塗る。半分に切った赤・黄のミニトマトをのせ、ディルやセルフイユを飾る。

ズッキーニとマッシュルームをトマトで煮詰めた人気のペースト。オリーブ油でのばしてパスタソースにするだけでなく、オムレツの具と合わせたり、リゾットの味付けに使ったりするのもおすすめです。また鶏肉を使った煮込み料理のソースにもぴったりですし、ポークソテーやトンカツなど豚肉料理に添えても、食欲をそそります。

甘味がギュッと凝縮されたセミドライトマトと
風味豊かなポルチーニ茸のペーストを
クラッカーに塗って食べれば、ビールや赤ワインのつまみに最高です。
それからこのペーストを使ったきのこ炒めは、驚きのおいしさ。
ごはんとの相性もいいので、ピラフやチャーハンの味付けにも、どうぞ。
ハンバーガーのソースにもよく合います。

きのこピラフ

材料（2人分）

- 米 …… 150g
- ベーコン …… 40g
- たまねぎ …… 50g
- 白ワイン …… 大さじ2
- まいたけ …… 60g
- しめじ …… 40g
- エリンギ …… 40g
- バター …… 適量
- 水 …… 200ml
- 粉末ブイヨン …… 2g
- お好みでラディッシュ …… 4個
- お好みでハーブ …… 適量
- ドライトマト&ポルチーニの
  ペースト …… 50g

作り方

1. 米はといでざるにあげ、表面が乾くまでおく。
2. 鍋に水と粉末ブイヨンを入れて中火にかけ、温める。
3. フライパンを油をひかずに中火にかけ、幅1cmに切ったベーコンを焼いて取り出す。みじん切りにしたたまねぎをベーコンの脂分でしんなりするまで炒め、白ワインを加えて煮詰める。
4. 鍋にバターを入れて強火にかけ、ほぐしたまいたけとしめじとエリンギをしんなりするまで炒める。中火にして1の米を加え、米粒が熱くなるまで炒める。
5. 4に3のベーコンとたまねぎ、2を入れて沸騰させ、ふたをして弱火で8〜10分炊く。
6. 5にドライトマト&ポルチーニのペーストを加えて混ぜ合わせて火を止め、鍋とふたの間にキッチンペーパーをはさんで12〜15分蒸らす。
7. 器に盛り付け、お好みできのこ形に切ったラディッシュとハーブを飾る。

★鍋の大きさや米の水分量などによって加えるブイヨンの量が変わるので、様子を見ながら調整して。

名前はよく知っているけれど
食卓になかなか登場しない食材、
セミドライトマトとポルチーニ茸を使いました。

Dry Tomato & Porcini
ドライトマト&ポルチーニ

材料（でき上がり約160g分）

乾燥ポルチーニ茸 …… 8g
（水 …… 約250ml）
市販のセミドライトマトの
　オイル漬け …… 30g
ケイパー …… 4g
オリーブ油 …… 大さじ1と1/3
酢 …… 小さじ2
市販のトマトピューレ …… 50g
粉末チキンブイヨン …… 2g
粉末ブイヨン …… 1g
塩、こしょう …… 各適量

作り方

1 乾燥ポルチーニ茸はよく洗い、ひと晩かけて水でもどし、5cmの角切りにする。もどし汁は捨てずにとっておき、水でぬらして固く絞ったキッチンペーパーをしいたざるでこす。

2 市販のセミドライトマトのオイル漬けとケイパーはみじん切りにして、オリーブ油と酢を合わせる。

3 鍋に1のポルチーニ茸ともどし汁150ml、2のセミドライトマトとケイパー、市販のトマトピューレ、粉末チキンブイヨン、粉末ブイヨンを入れて弱火にかけ、8〜10分煮詰め、塩、こしょうで味をととのえる。

Eggplant & Garlic Chutney
なす&にんにくのチャツネ

材料（でき上がり約160g分）

- なす …… 70g
- 酢 …… 大さじ3
- にんにく …… 1/2〜1片
- たまねぎ …… 50g
- パプリカパウダー …… 小さじ1
- オリーブ油 …… 適量
- 市販のりんごピューレ …… 40g
- 一味とうがらし …… 少々
- 粉末ブイヨン …… 1g
- 砂糖 …… 大さじ2
- 白煎りごま …… 大さじ1
- 塩、黒こしょう …… 各適量

作り方

1 なすは皮付きのまま5mmの角切りにし、水にさらしてあくを取る。小鍋に酢を入れて中火にかけ、煮きる。
2 フライパンにオリーブ油を入れて中火にかけ、みじん切りにしたにんにくを炒める。香りが立ってきたら、みじん切りにしたたまねぎ、1のなす、パプリカパウダーを加えてしんなりするまで炒める。
3 2に1の酢、市販のりんごピューレ、一味とうがらしを入れて弱火で炒め、粉末ブイヨン、砂糖、白煎りごまを加えて混ぜ合わせ、塩、黒こしょうで味をととのえる。

★市販のりんごピューレが手に入らない場合は、すりおろしたりんごと少量のレモン汁、砂糖を煮詰めたものを使ってもいい。

ソテーしたなすとりんごを使った
フルーティなチャツネは
食欲をそそる
にんにくの風味がたまりません。

れんこん&たけのこのパイ包み焼き

材料（2人分）

れんこん（水煮）…… 30g
たけのこ（水煮）…… 30g
たまねぎ …… 50g
サラダ油 …… 少々
A
　合い挽き肉 …… 150g
　卵 …… 1個
　生パン粉 …… 30g
　牛乳 …… 大さじ1
　ナツメグ …… 少々
　塩、こしょう …… 各適量
　なす&にんにくのチャツネ
　　…… 50g
市販の冷凍パイシート …… 2枚
塗り卵
　水 …… 大さじ1
　卵黄 …… 1個分
クレソン …… 適量

作り方

1 れんこんとたけのこは5mmの角切りにする。フライパンにサラダ油を入れて中火にかけ、みじん切りにしたたまねぎを炒め、粗熱を取る。
2 1のれんこんとたけのことたまねぎ、Aのすべての材料を混ぜて、よく練り合わせる。
3 市販の冷凍パイシート2枚を直径約9〜10cmの丸い型で抜き、パイシートの真ん中に2を盛る。水と卵黄を溶いた塗り卵をパイシートの縁に塗り、もう一枚のパイシートをのせて、縁をしっかり合わせる。パイシートの上にも塗り卵を塗り、200℃に温めておいたオーブンで15〜18分焼く。
4 器に3を盛り付け、クレソンを飾る。

発祥の地インドに限らず、
チャツネは欧米でもなじみの深い調味料で、
冷たい肉料理やチーズに添えるのが一般的。
ピーチチャツネ、トマトチャツネ、
ココナッツチャツネ、フィグチャツネ……。その種類は実に豊富です。
セルフィユのオリジナル、なす&にんにくのチャツネは、
煮込み料理のコクを出すのに最適な逸品。
またトーストに塗ったり、
サンドウィッチにはさんだりするのもおすすめです。

もっと激辛なペーストを作って！
というお客さまの声から生まれた
スパイシーなひよこ豆の
チリビーンズです。

Chili Beans
チリビーンズ

材料（でき上がり約160g分）

にんにく …… 1片
たまねぎ …… 75g
オリーブ油 …… 適量
クミンシード …… 1g
市販のトマトピューレ …… 40g
酢 …… 大さじ1
ひよこ豆（水煮缶詰）…… 50g

ひよこ豆の缶汁 …… 50ml
パプリカパウダー …… 1g
一味とうがらし …… 1g
粉末ブイヨン …… 1g
砂糖 …… 少々
塩、黒こしょう …… 各適量

作り方

1 クミンシードはフライパンでから煎りする。
2 フライパンにオリーブ油を入れて中火にかけ、みじん切りにしたにんにくを炒める。香りが立ってきたら、みじん切りにしたたまねぎを加えてしんなりするまで炒め、市販のトマトピューレを加えて軽く炒め、酢を加えて煮詰める。
3 2に1のクミンシード、ひよこ豆、ひよこ豆の缶汁、パプリカパウダー、一味とうがらし、粉末ブイヨン、砂糖を入れ、弱火にして水分がなくなるまで煮詰め、塩、黒こしょうで味をととのえる。

★クミンシードは必ずから煎りして、香ばしい風味をひき立たせること。
★ひよこ豆の缶汁がなければ、水でもいい。

アサリ入りチヂミ チリビーンズソース

材料（2人分）

- 小麦粉 …… 120g
- 上新粉 …… 30g
- 卵 …… 1個
- しょうゆ …… 大さじ1
- 水 …… 160〜170ml
- アサリのむき身 …… 80〜90g
- ニラ …… 1/2束
- 糸とうがらし …… 適量
- ごま油 …… 適量
- チリビーンズソース
  - 酢 …… 小さじ2
  - ごま油 …… 小さじ2
  - オイスターソース …… 大さじ1
  - 白煎りごま …… 小さじ1
  - チリビーンズのペースト …… 40g

作り方

1 ボウルに卵を入れてよく溶き、しょうゆと水を加えて混ぜる。合わせてふるった小麦粉と上新粉を少しずつ入れて混ぜ合わせ、冷蔵庫で約30分生地を休ませる。
2 1にアサリのむき身、長さ7〜8cmに切ったニラ、糸とうがらしを入れて混ぜ合わせる。
3 フライパンにごま油を入れて中火にかけ、2の生地を流し入れて両面を焼く。
4 チリビーンズソースのすべての材料を混ぜ合わせる。
5 器に食べやすい大きさに切った3を盛り付けてお好みで糸とうがらしをのせ、4のソースを添える。

★上新粉がなければ、小麦粉だけでもいい（その場合、小麦粉を150gにする）。
★フライパンをよく熱してから、チヂミの生地を流し入れること。

ホットペーストの登場です。定番のタコスと合わせるのはもちろん、サンドウィッチの具材やオムレツのソース、インドネシア風チャーハンナシゴレンの味付けにも。

チリドッグ

材料（2人分）

- ホットドッグ用のパン …… 2本
- ロケット …… 適量
- ボイル小エビ …… 10尾
- 黒こしょう …… 適量
- チリビーンズのペースト …… 適量

作り方

1 ホットドッグ用のパンに切り目を入れる。
2 1のパンにロケット、チリビーンズのペースト、ボイル小エビをはさみ、黒こしょうをふる。

★お好みでパンにバターや粒マスタードを塗ってもいい。

パンプキンペーストのサラダ

材料（2人分）

- きゅうり …… 30g
- にんじん …… 30g
- ごぼう …… 30g
- くるみ …… 適量
- マヨネーズ …… 40g
- 塩、こしょう …… 各適量
- 芽キャベツ …… 適量
- うずらの卵 …… 3個
- パンプキン&チーズのペースト …… 70g

作り方

1. きゅうりとにんじんとごぼうはせん切りにして水にさらし、水気をきる。
2. くるみは160℃に温めておいたオーブンで表面がきつね色になるまでローストして、粗熱が取れたら粗く砕く。
3. マヨネーズとパンプキン&チーズのペーストを混ぜて1の野菜類と合わせ、塩、こしょうで味をととのえる。
4. 器に茹でた芽キャベツの葉をしき、3を盛り付け、茹でて半分に切ったうずらの卵、2のくるみを飾る。

にんじんポタージュ

材料（2人分）

- にんじん …… 80g
- たまねぎ …… 30g
- じゃがいも …… 30g
- バター …… 15g
- 水 …… 150ml
- 牛乳 …… 200ml
- 塩 …… 適量
- セルフイユ …… 適量
- パンプキン&チーズのペースト …… 80g

作り方

1. にんじんとたまねぎとじゃがいもは薄くスライスする。
2. フライパンにバターを入れて中火にかけ、1のたまねぎをしんなりするまで炒める。1のにんじんとじゃがいもを入れて炒め、水を加えて沸騰させ、野菜がやわらかくなるまで煮る。
3. ミキサーに2と牛乳100mlを入れて、攪拌する。野菜の粒が気になる場合は、こし器に通すといい。
4. 鍋に3、残りの牛乳、パンプキン&チーズのペーストを入れて中火にかけて温め、塩で味をととのえる。
5. 器に4を盛り付け、セルフイユを飾る。

★お好みで生クリームを加えると、濃厚な味わいに。
★甘みがたりない場合は、はちみつを少し加えてもいい。

やさしい味わいの
セルフィユならではの
オリジナルペーストです。
食パンに塗ったり、
ロールパンにはさんだり。
また小麦粉と卵を合わせて
ニョッキを作るのもおすすめ。
手軽なスープベースとしても使えます。

かぼちゃスープのようなペーストを作りたい、
というスタッフの熱い想いが
クリームチーズとの組み合わせで実現しました!

Pumpkin & Cheese
パンプキン&チーズ

材料（でき上がり約160g分）

- たまねぎ …… 40g
- オリーブ油 …… 適量
- かぼちゃ …… 40g
- 水 …… 大さじ1
- 市販のかぼちゃピューレ …… 50g
- クリームチーズ …… 30g
- レモン汁 …… 小さじ1
- 粉末ブイヨン …… 1g
- 砂糖 …… 大さじ1と1/3
- 塩、黒こしょう …… 各適量

作り方

1 フライパンにオリーブ油を入れて中火にかけ、みじん切りにしたたまねぎをしんなりするまで炒める。
2 かぼちゃは皮を除いて5mm角に切り、耐熱容器にのせて水をかけ、ラップをして電子レンジで約1分加熱する。
3 1のたまねぎ、市販のかぼちゃピューレ、室温においてやわらかくしたクリームチーズ、レモン汁、粉末ブイヨン、砂糖を混ぜ合わせ、2のかぼちゃも加えてざっくり合わせ、塩、黒こしょうで味をととのえる。

バジルの名産地としてだけでなく、
上質な松の実とオリーブ油でも有名な
北イタリアの古い港町ジェノバの、
ご当地ペーストです。

Genova Paste
ジェノバペースト

材料（でき上がり約160g分）

松の実 …… 40g
くるみ …… 13g
バジル …… 20g
にんにく …… 1片
オリーブ油 …… 120ml
レモン汁 …… 大さじ1
塩、黒こしょう …… 各適量
パルメザンチーズ …… 15g

作り方

1. 松の実とくるみは160℃に温めておいたオーブンで表面がきつね色になるまでローストして、粗熱を取る。
2. 1の松の実とくるみ、バジル、にんにくをフードプロセッサーにかけてペースト状にする。
   ※フードプロセッサーがない場合は、なるべく細かくみじん切りにする。
3. 2のペーストにオリーブ油、レモン汁を加えて混ぜ合わせ、塩、黒こしょうで味をととのえる。
4. 最後におろしたパルメザンチーズを加えて混ぜ合わせる。

★松の実とくるみは必ずローストして、風味をひき立たせること。

セルフィユの
ジェノバペーストは、
松の実だけでなく、
ローストしたくるみも入った、
ちょっと贅沢なレシピです。
定番のパスタソースとして
利用したいのはもちろんですが、
魚介を使った料理との相性は抜群！
辛口の白ワインともよく合います。

アサリの白ワイン蒸し

材料（2人分）

アサリ …… 12個
白ワイン …… 50ml
塩 …… 適量
レモン（くし形切り）…… 1切れ
イタリアンパセリ、バジル
　　…… 各適量
ジェノバペースト …… 30g

作り方

1　アサリはひと晩塩水につけて砂をはかせ、殻と殻をこすりつけるようにして洗う。
2　フライパンにアサリと白ワインを入れて強火にかけ、ふたをする。アサリの口が開くまで蒸し、ジェノバペーストを加えて、塩で味をととのえる。
3　器に盛り付け、レモン、イタリアンパセリとバジルを添える。

バジル＆魚介のリングイネ

材料（2人分）

リングイネ（パスタ）…… 160g
（水 …… 適量）
エビ …… 4尾
ホタテ貝柱 …… 6個
オリーブ油 …… 適量
白ワイン …… 大さじ2
塩、こしょう …… 各適量
パルメザンチーズ …… 適量
ジェノバペースト …… 40g

作り方

1　リングイネを茹ではじめる。
2　フライパンにオリーブ油を入れて中火にかけ、塩、こしょうを軽くふったエビとホタテ貝柱を焼く。火が通ったら、白ワインをふり入れて香りづけする。
3　2のフライパンにアルデンテに茹で上げた1のリングイネ、リングイネの茹で汁大さじ2、ジェノバペースト、オリーブ油を入れて混ぜ合わせ、塩、こしょうで味をととのえる。
4　器に盛り付け、薄く削ったパルメザンチーズを飾る。

ブイヨンでコトコトと煮込んで
作ったペーストに
カマンベールチーズを合わせました。

Paprika & Camembert
パプリカ&カマンベール

材料（でき上がり約160g分）

- 赤パプリカ …… 40g
- 黄パプリカ …… 40g
- 水 …… 大さじ2と2/3
- 酢 …… 大さじ2
- 砂糖 …… 大さじ1
- 粉末ブイヨン …… 1g
- 粉末チキンブイヨン …… 2g
- カマンベールチーズ …… 100g
  （堅い皮を取り除いた量）
- 塩、黒こしょう …… 各適量

作り方

1. 赤・黄パプリカは種を取り除き、1cm角に切る。
2. 鍋に1の赤・黄パプリカ、水、酢、砂糖、粉末ブイヨン、粉末チキンブイヨンを入れて中火にかけ、沸騰したら弱火にして、水分がなくなるまで煮詰める。
3. カマンベールチーズは耐熱ボウルに入れて電子レンジで約10〜20秒加熱して取り出し、泡立て器で混ぜる。もう一度電子レンジで約10〜20秒加熱して取り出し、泡立て器で混ぜてなめらかにする。
4. 3のカマンベールチーズに2を少しずつ加えて混ぜ合わせ、黒こしょうを多めにふり、塩で味をととのえる。

Tomato Basil & Camembert
トマトバジル&カマンベール

材料（でき上がり約160g分）

- トマト …… 2個
- オリーブ油 …… 適量
- パプリカパウダー …… 小さじ1/2
- 水 …… 大さじ2
- 酢 …… 大さじ1
- 砂糖 …… 小さじ1
- 粉末ブイヨン …… 1g
- 粉末チキンブイヨン …… 1g
- カマンベールチーズ …… 100g
  （堅い皮を取り除いた量）
- 塩、黒こしょう …… 各適量
- バジル …… 6g

作り方

1. トマトは湯むきして皮と種を取り除き、4等分にする。耐熱容器にのせてオリーブ油をかけ、100℃に温めておいたオーブンで約1時間ローストして乾燥させ、みじん切りにする。パプリカパウダーはフライパンでから煎りにする。
2. 鍋に1のトマトとパプリカパウダー、水、酢、砂糖、粉末ブイヨン、粉末チキンブイヨンを入れて中火にかけ、沸騰したら弱火にして、水分がなくなるまで煮詰める。
3. パプリカ&カマンベールの作り方3〜4と同様にし、最後にみじん切りにしたバジルを加える。

カマンベールチーズを使った、ユニークなペーストです。
薄く切ったバゲットに塗ってオーブントースターで焼いたり
クラッカーにのせたりと、おつまみ感覚で食べると
あまりのおいしさにやめられなくなってしまいます……。
マッシュポテトと混ぜ合わせてコロッケにしたり
はんぺんや豚肉にはさんで揚げたりするのも
このペーストを使ったおいしいレシピです。

豆腐のオーブン焼き

材料（2人分）

木綿豆腐（絹ごしでもOK）
　……1/2丁
シラス干し……30g
えだ豆
　（茹でて、さやから出したもの）
　……20g
塩、こしょう……各適量
ピザ用シュレッドチーズ……適量
赤パプリカのスライス
　（またはバジル）……適量
パプリカ&カマンベールのペースト
　（またはトマトバジル&
　カマンベールのペースト）
　……80g

作り方

1 木綿豆腐は重しをして水きりをし、キッチンペーパーなどで水気をふき取り、2cmの角切りにする。

2 1の木綿豆腐、シラス干し、えだ豆、パプリカ&カマンベールのペースト（またはトマトバジル&カマンベールのペースト）を混ぜ合わせ、塩、こしょうで味をととのえる。

3 耐熱容器に2を入れて赤パプリカのスライス、ピザ用シュレッドチーズをのせ、200℃に温めておいたオーブンで約10分焼く（または赤パプリカのスライスをのせず、焼き上がりにバジルを飾る）。

★作り方2は、オーブンに入れる直前に行うこと。混ぜ合わせてしばらくすると、豆腐の水分が再び出てきてしまうので。

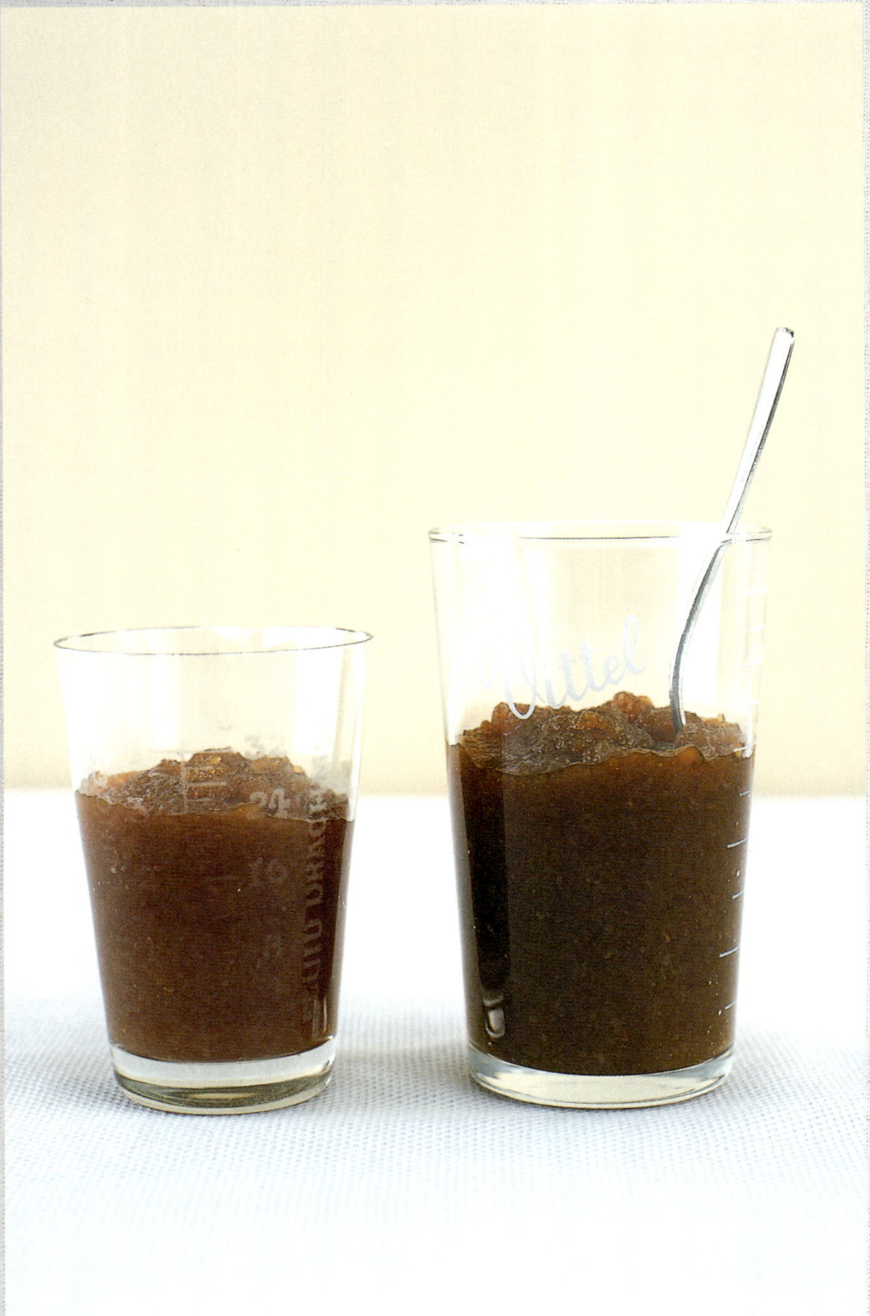
Vittel

肉料理にぴったり
ステーキソース

ステーキ、焼き肉、そしてソーセージにぴったり！
りんごとたまねぎをしょうゆでじっくり煮詰めた、
さっぱり味の和風ステーキソースです。
キャベツやにんじんなど、野菜の炒めものにもよく合うこの万能ソースは、
ジンジャーとガーリック、風味の異なる2種類を、
お好みで使い分けてください。

ステーキソース ジンジャー

材料（でき上がり約160g分）
しょうが(すりおろす)…… 4g
たまねぎ(すりおろす)…… 30g
市販のりんごピューレ
　…… 80～90g
しょうゆ …… 大さじ2～3
みりん …… 小さじ2
りんご酢 …… 大さじ1
水 …… 大さじ2
こしょう …… 適量

作り方
鍋にこしょう以外のすべての材料を入れて中火にかけ、沸騰させる。沸騰したら弱火にし、あくを取りながら、たまねぎの辛みがなくなるまで、ゆっくり煮詰め、最後にこしょうで味をととのえる。

★市販のりんごピューレが手に入らない場合は、すりおろしたりんごと少量のレモン汁、砂糖を煮詰めたものを使ってもいい。
★甘みがたりない場合は、砂糖を少し加えてもいい。

ステーキソース ガーリック

材料（でき上がり約160g分）
にんにく(すりおろす)…… 4g
たまねぎ(すりおろす)…… 30g
市販のりんごピューレ
　…… 80～90g
しょうゆ …… 大さじ2～3
みりん …… 小さじ2
りんご酢 …… 大さじ1
水 …… 大さじ2
こしょう …… 適量

作り方
鍋にこしょう以外のすべての材料を入れて中火にかけ、沸騰させる。沸騰したら弱火にし、あくを取りながら、たまねぎの辛みがなくなるまで、ゆっくり煮詰め、最後にこしょうで味をととのえる。

★市販のりんごピューレが手に入らない場合は、すりおろしたりんごと少量のレモン汁、砂糖を煮詰めたものを使ってもいい。
★甘みがたりない場合は、砂糖を少し加えてもいい。

Q & A 1

Q: ディップ作りに最適なマヨネーズはありますか？

A: 　自家製マヨネーズ（16ページのおいしいマヨネーズの作り方参照）を作ってもいいですし、市販のマヨネーズでも十分おいしく仕上がります。
　最近では、体に脂肪がつきにくいもの、卵を使わずに大豆などの植物性原料のみで作ったものなど、市販品の種類は実に豊富になっています。お好みのマヨネーズでおいしいディップを作ってください。

・・・・・・・・・

Q: 味噌ディップは、合わせ味噌でないといけませんか？

A: 　味噌ディップのレシピに最適なのは、米と麦の合わせ味噌です。できれば合わせ味噌で作っていただきたいのですが、お好みに応じて、いろいろな味噌を使ってもいいと思います。
　その場合、例えば白味噌など甘口のもの、豆味噌や仙台味噌など辛口のもの等、それぞれの特徴に合わせ、砂糖の量を加減してください。

・・・・・・・・・

Q: 保存ビンの準備の仕方を教えてください。

A: 　ガラスビンで保存する場合、まずはふたが完全に閉まるかどうか確認してください。
　次に鍋に水とビンを入れて強火にかけ、沸騰したら中火にしてふたを入れ、約10分煮沸消毒します。鍋からビンとふたを取り出したら、自然乾燥させましょう。やけどにはくれぐれも注意して。

Gelée &
Curd &
Jam

素材の味わいを100％生かした、
フルーツのジュレ、レモンカード、ミルクジャム、秘密のデザートジャム。
赤、黄、オレンジと色の美しさだけでなく、味わって、また感激！
今回は、レモンカードのおやつ、ミルクジャムの飲み物、
秘密のデザートジャムに合うスウィーツのレシピなど、
ユニークな楽しみ方もご紹介します!!

フルーツの果汁から作る、ジュレ。
果肉を使って作るジャムとは、見た目も味わいも異なります。
きらきらと輝く宝石のように、ジュレを美しく仕上げる秘訣は、決して焦らないこと。
例えば前の晩にフルーツを煮て、ひと晩かけてこし、
翌日にグラニュー糖とレモン汁を加えてゆっくり煮詰めていく、なんていかがでしょう？
時間をかけて作ったジュレは、パンやクラッカーだけでなく、
ヨーグルトやバニラアイスクリーム、フロマージュブランにもよく合います。

Gelée
ジュレ

Apple Gelée
アップルジュレ

材料（でき上がり約200g分）

りんごの果汁
　りんご……700g
　水……適量
グラニュー糖……約160g
レモン汁……約1個分

作り方

1. りんごはよく洗ってつるの部分をくりぬき、皮と種を残したまま4等分にする。
2. 鍋に1のりんご、りんごがひたひたになる分量の水を入れて、中火にかける。沸騰したら弱火にして、表面がゆらゆらする状態のまま約20分煮る。
3. ざるにふきんなどをしき、2をこす。ここで無理に搾ったりすると、でき上がったジュレが濁ったり、固まりにくくなったりするので要注意。
4. こしたりんごの果汁の量をはかり、100mlにつきグラニュー糖80gとレモン汁25mlの割合で準備する。
5. 鍋に4を入れて中火にかけ、沸騰したら弱火にして、表面がゆらゆらする状態のまま、あくを取りながら約10分煮る。

★冷えるとすぐに固まってしまうので、器に移す場合は熱いうちに。
★りんごは季節によって水分量が異なり、また火加減によっても果汁の仕上がり量が異なってくるので、作り方4は必ず守って。

Earl Grey — A
アールグレイ

材料（でき上がり約200g分）

りんごの果汁 …… 200ml
※70ページのアップルジュレの
　作り方1〜3参照
グラニュー糖 …… 160g
レモン汁 …… 50ml
アールグレイ紅茶葉 …… 4g
熱湯 …… 16ml

作り方

1 アールグレイ紅茶葉に熱湯を入れ、約5分蒸らして紅茶液を抽出し、こす。
2 りんごの果汁と1の紅茶液を混ぜ合わせる。
3 鍋に2、グラニュー糖、レモン汁を入れ、アップルジュレの作り方5と同様にジュレを作る。

Chamomile — B
カモミール

材料（でき上がり約200g分）

りんごの果汁 …… 200ml
※70ページのアップルジュレの
　作り方1〜3参照
グラニュー糖 …… 160g
レモン汁 …… 50ml
ドライカモミール …… 小さじ4
熱湯 …… 20ml

作り方

1 ドライカモミールに熱湯を入れ、約5分蒸らす。
2 鍋にりんごの果汁、グラニュー糖、レモン汁を入れてアップルジュレの作り方5と同様にジュレを作り、最後に1で抽出したハーブ液をカモミールごと加えてひと煮立ちさせる。

Rum Raisin — C
ラムレーズン

材料（でき上がり約200g分）

りんごの果汁 …… 200ml
※70ページのアップルジュレの
　作り方1〜3参照
グラニュー糖 …… 160g
レモン汁 …… 50ml
ラムレーズン …… 30g

作り方

鍋にりんごの果汁、グラニュー糖、レモン汁を入れてアップルジュレの作り方5と同様にジュレを作り、最後にラムレーズンを加えてひと煮立ちさせる。

Almond — A
アーモンド

材料（でき上がり約200g分）

いちごの果汁 …… 200ml
※73ページのストロベリージュレの
　作り方1〜3参照
グラニュー糖 …… 160g
レモン汁 …… 50ml
ペクチン …… 6g
水 …… 70ml
アーモンドスライス …… 20g

作り方

1 アーモンドスライスは160℃に温めておいたオーブンで約7分ローストする。
2 ストロベリージュレの作り方4〜5と同様にジュレを作り、最後に1のアーモンドスライスを加えてひと煮立ちさせる。

Cherry Blossoms & White Chocolate — B
さくら&ホワイトチョコレート

材料（でき上がり約200g分）

いちごの果汁 …… 100ml
※73ページのストロベリージュレの
　作り方1〜3参照
グラニュー糖 …… 80g
レモン汁 …… 25ml
ペクチン …… 3g
水 …… 35ml
さくらの花の塩漬け …… 15g
生クリーム …… 70ml
製菓用ホワイトチョコレート …… 70g

作り方

1 さくらの花の塩漬けは、ぬるま湯で約3回洗って、水分をしっかりふき取り、粗く刻む。
2 鍋に生クリームを入れて弱火にかけ、沸騰直前まで温めたら火を消し、粗く砕いた製菓用ホワイトチョコレートを加えて溶かす。1を加えて混ぜ合わせ、粗熱を取る。
3 ストロベリージュレの作り方4〜5と同様にジュレを作る。
4 器に3を入れ、ジュレが固まったらその上に2を入れる。

Jasmine — C
ジャスミン

材料（でき上がり約200g分）

いちごの果汁 …… 200ml
※73ページのストロベリージュレの
　作り方1〜3参照
グラニュー糖 …… 160g
レモン汁 …… 50ml
ペクチン …… 6g
水 …… 70ml
ジャスミン茶葉 …… 12g
熱湯 …… 50ml

作り方

1 ジャスミン茶葉に熱湯を入れ、約5分蒸らして茶液を抽出し、こす。
2 いちごの果汁と1の茶液を混ぜ合わせる。
3 ストロベリージュレの作り方4〜5と同様にジュレを作る。

Strawberry Gelée
ストロベリージュレ

材料（でき上がり約200g分）

いちごの果汁
　｜いちご …… 250〜300g
　｜水 …… 適量
グラニュー糖 …… 約160g
レモン汁 …… 約1個分
ペクチン …… 約6g
水 …… 約70ml

作り方
1. いちごはよく洗ってへたを取る。
2. 鍋に1のいちご、いちごがひたひたになるより少なめの分量の水を入れて、中火にかける。沸騰したら弱火にして、表面がゆらゆらする状態のまま約20分煮る。
3. ざるにふきんなどをしき、2をこす。ここで無理に搾ったりすると、でき上がったジュレが濁ったり、固まりにくくなったりするので要注意。
4. こしたいちごの果汁の量をはかり、100mlにつきグラニュー糖80gとレモン汁25mlとペクチン3g（水35ml）の割合で準備する。小鍋にペクチンと水を入れて弱火にかけ、溶かす。
5. 鍋に4のいちごの果汁、グラニュー糖、レモン汁を入れて中火にかけ、沸騰したら弱火にして4のペクチンを加え、表面がゆらゆらする状態のまま、あくを取りながら約10分煮る。

・・・・・・・・・・・・・・・・・・・・・・・・・・・・・・・・・・

★冷えるとすぐに固まってしまうので、器に移す場合は熱いうちに。

Cassis Gelée
カシスジュレ

材料（でき上がり約200g分）

カシスの果汁
　カシス(冷凍) …… 200g
　水 …… 500ml
グラニュー糖 …… 約160g
レモン汁 …… 約1個分

作り方

1 鍋に自然解凍させたカシスと水を入れて、中火にかける。沸騰したら弱火にして、表面がゆらゆらする状態のまま約20分煮る。
2 ざるにふきんなどをしき、1をこす。ここで無理に搾ったりすると、でき上がったジュレが濁ったり、固まりにくくなったりするので要注意。
3 こしたカシスの果汁の量をはかり、100mlにつきグラニュー糖80gとレモン汁25mlの割合で準備する。
4 鍋に3を入れて中火にかけ、沸騰したら弱火にして、表面がゆらゆらする状態のまま、あくを取りながら約10分煮る。

★冷えるとすぐに固まってしまうので、器に移す場合は熱いうちに。

Fig — A
フィグ

材料（でき上がり約200g分）

カシスの果汁 …… 200ml
※74ページのカシスジュレの
　作り方1～2参照
グラニュー糖 …… 160g
レモン汁 …… 50ml
ドライフィグ …… 50g
ラム酒 …… 50ml
水 …… 50ml

作り方

1　ドライフィグはへたを取り、8等分にする。
2　鍋に1、ラム酒と水を入れて中火にかけ、沸騰したら強めの弱火にして水分をとばす。
3　別鍋にカシスの果汁、グラニュー糖、レモン汁を入れてカシスジュレの作り方4と同様にジュレを作り、最後に2を加えてひと煮立ちさせる。

Rose & White Chocolate — B
バラ&ホワイトチョコレート

材料（でき上がり約200g分）

カシスの果汁 …… 100ml
※74ページのカシスジュレの
　作り方1～2参照
グラニュー糖 …… 80g
レモン汁 …… 25ml
バラ（ハーブティー用）…… 小さじ1と1/2
熱湯 …… 7ml
生クリーム …… 70ml
製菓用ホワイトチョコレート …… 70g

作り方

1　バラに熱湯を入れ、約5分蒸らす。
2　鍋に生クリームを入れて弱火にかけ、沸騰直前まで温めたら火を消し、粗く砕いた製菓用ホワイトチョコレートを加えて溶かす。1を加えて混ぜ合わせ、粗熱を取る。
3　別鍋にカシスの果汁、グラニュー糖、レモン汁を入れ、カシスジュレの作り方4と同様にジュレを作る。
4　器に3を入れ、ジュレが固まったらその上に2を入れる。

Assam — C
アッサム

材料（でき上がり約200g分）

カシスの果汁 …… 200ml
※74ページのカシスジュレの
　作り方1～2参照
グラニュー糖 …… 160g
レモン汁 …… 50ml
アッサム紅茶葉 …… 4g
熱湯 …… 16ml

作り方

1　アッサム紅茶葉に熱湯を入れ、約5分蒸らして紅茶液を抽出し、こす。
2　カシスの果汁と1の紅茶液を混ぜ合わせる。
3　鍋に2、グラニュー糖、レモン汁を入れ、カシスジュレの作り方4と同様にジュレを作る。

Lemon Curd
レモンカード

イギリスの食卓でおなじみのレモンカードとは、
レモンの酸味がきいたバターペーストのようなもの。
ビスケットやサブレ、スコーンに添えて食べるのが一般的ですが、
トーストしたパンに塗るのもおすすめです。

Plain
プレーン

材料（でき上がり約200g分）

- 卵 …… 2個
- レモン（農薬不使用のもの）…… 1個
- グラニュー糖 …… 75g
- バター（食塩不使用）…… 50g

作り方

1. レモンはよく洗って、皮をむく。果肉は果汁を搾る。皮とグラニュー糖を合わせて、フードプロセッサーにかける。
   ※フードプロセッサーがない場合は、皮をなるべく細かくみじん切りにしてグラニュー糖と合わせる。
2. ボウルに卵を入れて溶きほぐし、1のレモン汁を加えて混ぜ合わせる。
3. 2に1のグラニュー糖を加えて混ぜ合わせ、さらに細かく切ったバターも加える。
4. 3のボウルを湯せんにかけ、もったりしてくるまで約10分休まずにかき混ぜる。

Maple
メイプル

材料（でき上がり約200g分）
プレーンの材料
※76ページ参照
　（グラニュー糖75gを、
　グラニュー糖30gと
　メイプルシュガー30gにかえる）
メイプルシロップ …… 50g

作り方
1 レモンはよく洗って、皮をむく。果肉は果汁を搾る。皮とグラニュー糖とメイプルシュガーを合わせて、フードプロセッサーにかける。
※フードプロセッサーがない場合は、皮をなるべく細かくみじん切りにして他の材料と合わせる。
2 プレーンの作り方2～3と同じ。
3 ボウルを湯せんにかけ、もったりしてくるまで約10分休まずにかき混ぜる。でき上がり直前にメイプルシロップを加え、最後に再び少し湯せんにかける。

Green Tea
抹茶

材料（でき上がり約200g分）
プレーンの材料
※76ページ参照
抹茶 …… 4g
熱湯 …… 7ml

作り方
1 プレーンの作り方1～3と同じ。
2 ボウルを湯せんにかけ、もったりしてくるまで約10分休まずにかき混ぜる。でき上がり直前に、熱湯で溶いた抹茶を加える。

Cocoa
ココア

材料（でき上がり約200g分）

プレーンの材料
※76ページ参照
ココア（無糖タイプ）…… 10g
熱湯 …… 15ml

作り方
1 プレーンの作り方1〜3と同じ。
2 ボウルを湯せんにかけ、もったりしてくるまで約10分休まずにかき混ぜる。でき上がり直前に、熱湯で溶いたココアを加える。

Vanilla
バニラ

材料（でき上がり約200g分）

プレーンの材料
※76ページ参照
バニラビーンズ …… 1/3本

作り方
1 レモンはよく洗って、皮をむく。果肉は果汁を搾る。バニラビーンズの種をナイフの背などで出し、グラニュー糖、レモンの皮と合わせて、フードプロセッサーにかける。
※フードプロセッサーがない場合は、皮をなるべく細かくみじん切りにして他の材料と合わせる。
2 プレーンの作り方2〜3と同じ。
3 2のボウルにバニラビーンズのさやを加えて湯せんにかけ、もったりしてくるまで約10分休まずにかき混ぜる。最後にバニラビーンズのさやを取り出す。

レモンカードのおやつ

チョコレートやグリッシーニに、
お好みのレモンカードを添えて。
甘味だけでなく、
レモンの酸味がアクセントになっているので、
これはもう、クセになるおいしさです。
また筒状のクッキーに絞り入れると、
見た目もかわいい楽しいおやつに変身します。

Milk Jam
ミルクジャム

懐かしい味わいのミルクジャムは、
弱火でコトコト、とにかくゆっくり作ってください。
焦って火を強めたりすると、
すぐに焦げてしまうから要注意です。
フレッシュなフルーツにつけて食べると
最高においしい、ミルクジャム。
かき氷に練乳のかわりにかけても、絶品です！

Plain
プレーン

材料（でき上がり約200g分）

生クリーム …… 200ml
牛乳 …… 250ml
グラニュー糖 …… 80g

作り方

1 鍋に生クリーム、牛乳、グラニュー糖を入れて弱火にかける。途中、沸騰しないように注意する。
2 色が変わって、とろりとなったら火からおろす。油断すると焦げるので、こちらも要注意。

Earl Grey
アールグレイ

材 料（でき上がり約200g分）

プレーンの材料
※80ページ参照
アールグレイ紅茶葉 …… 20g
熱湯 …… 80ml

作り方
1 プレーンの作り方1〜2と同じ。
2 アールグレイ紅茶葉に熱湯を入れ、約5分蒸らして紅茶液を抽出し、こして最後に1に加える。

Vanilla
バニラ

材 料（でき上がり約200g分）

プレーンの材料
※80ページ参照
バニラビーンズ …… 1/2本

作り方
1 鍋に生クリーム、牛乳、グラニュー糖、ナイフの背などで出したバニラビーンズの種とさやを入れて弱火にかける。途中、沸騰しないように注意する。
2 プレーンの作り方2と同様にし、最後にバニラビーンズのさやを取り出す。

Cocoa
ココア

材料（でき上がり約200g分）

プレーンの材料
※80ページ参照
ココア（無糖タイプ）…… 12g
熱湯 …… 20ml

作り方
1 プレーンの作り方1〜2と同じ。
2 最後に熱湯で溶いたココアを加える。

Caramel
キャラメル

材料（でき上がり約200g分）

プレーンの材料の1/2量
※80ページ参照
キャラメルクリーム
　グラニュー糖 …… 100g
　水 …… 50ml
　生クリーム …… 150ml

作り方
1 プレーンの作り方1〜2と同様にして、ミルクジャムを作る。
2 キャラメルチーズケーキディップの作り方1（38ページ参照）と同様にして、キャラメルクリームを作る。
3 1のミルクジャムと2のキャラメルクリームを絞り出し袋などで交互に器に入れる。

ミルクジャムの飲み物

温かい飲み物にも、冷たい飲み物にも、ぴったりのミルクジャム。
鍋にお好みのミルクジャムと水を入れて中火にかけ、
沸騰したら紅茶葉を入れて少し待ち、
牛乳を加えて弱火で温めて紅茶葉をこせば、濃厚なチャイに。
グラスにアールグレイ以外のミルクジャムを入れて、
濃いコーヒーを注げばベトナム風コーヒーに。
またココアのミルクジャム、氷、バニラアイスクリーム、
チョコチップを一緒にミキサーにかければ、
あっという間にチョコレートスムージーができ上がります。

Chocolate Smoothie

Chai

Vietnamese Coffee

Green Grape 緑のぶどう

材料（でき上がり約200g分）

ぶどうジュレ
- ぶどうの果汁
  - ぶどう …… 300g
  - 水 …… 適量
- グラニュー糖 …… 約160g
- レモン汁 …… 約1個分
- ペクチン …… 約6g
- 水 …… 約70ml

ぶどう …… 100g（正味）
グラニュー糖 …… 80g
白ワイン …… 50ml
レモン汁 …… 1/2個分

作り方

1 ぶどうジュレを作る。鍋に皮付きのぶどう300g、ぶどうがひたひたになる分量の水を入れて、中火にかける。沸騰したら弱火にして、表面がゆらゆらする状態のまま約20分煮て、粗熱を取る。

2 ざるにふきんなどをしき、1をこす。ここで無理に搾ったりすると、でき上がったジュレが濁ったり、固まりにくくなったりするので要注意。

3 こしたぶどうの果汁の量をはかり、100mlにつきグラニュー糖80gとレモン汁25mlとペクチン3g（水35ml）の割合で準備する。小鍋にペクチンと水を入れて弱火にかけ、溶かす。

4 鍋に皮をむいたぶどう100g、グラニュー糖80g、白ワイン、レモン汁1/2個分を入れて強めの中火にかけ、あくを取りながら煮る。あくが出なくなったら火を消し、粗熱を取る。

5 ざるにふきんなどをしき、4をこして、シロップとぶどうの実に分ける。

6 鍋に2のぶどうの果汁、3で準備したグラニュー糖とレモン汁、5のシロップを入れて中火にかけ、沸騰したら弱火にして3のペクチンを加え、表面がゆらゆらする状態のまま、あくを取りながら約10分煮る。

7 最後に5のぶどうの実を加えて、ひと煮立ちさせる。

★冷えるとすぐに固まってしまうので、器に移す場合は熱いうちに。

Secret Dessert Jam
秘密のデザートジャム

ちょっとだけ手間のかかる、セルフィユのとっておき、
秘密のデザートジャムのレシピ、登場です！
ゼリーやババロア、パンナコッタなどの冷菓のソースに最適なデザートジャムは、
ドリンクとの相性も抜群！
よく冷えた炭酸水、シャンパンや白ワインに混ぜて飲むと、
爽やかなフルーツの甘味が、心地よく広がっていきます……。

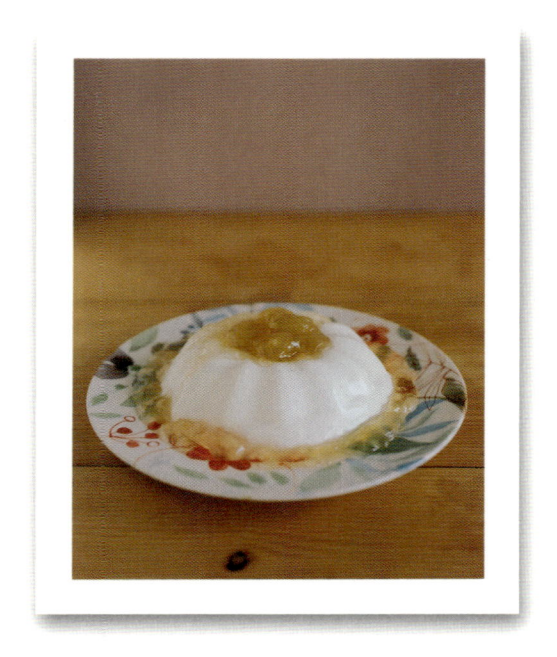

パンナコッタ

材料(口径11cmのババロア型1個分)

牛乳 …… 200ml
生クリーム …… 400ml
グラニュー糖 …… 80g
板ゼラチン …… 8g
緑のぶどうデザートジャム
　　…… 適量

作り方

1. 鍋に牛乳、生クリーム、グラニュー糖を入れて中火にかけ、沸騰直前まで温めたら、水でもどした板ゼラチンの水気をきって入れ、溶かし混ぜる。
2. 1をこし器に通し、水で濡らした型に注いで冷蔵庫に入れ、冷やし固める。食べる直前に緑のぶどうデザートジャムをかける。

Lychee ライチ

材料(でき上がり約200g分)

ライチの果肉(冷凍)……150g
グラニュー糖……120g
レモン汁……1/2個分
ライチのリキュール
　……小さじ1

作り方

鍋にフードプロセッサーにかけたライチの果肉75g、6等分に切った残りのライチの果肉、グラニュー糖、レモン汁を入れて強めの中火にかけ、あくを取りながら煮る。あくが出なくなったら、火からおろし、ライチのリキュールを加える。
※フードプロセッサーがない場合は、なるべく細かくみじん切りにする。

杏仁豆腐

材料（2人分）

牛乳 …… 200ml
水 …… 125ml
グラニュー糖 …… 40g
杏仁霜 …… 35g
板ゼラチン …… 4g
生クリーム …… 80ml
ライチデザートジャム …… 適量

作り方

1 鍋に牛乳100ml、水、グラニュー糖、杏仁霜を入れて弱火にかけ、鍋底をかき混ぜながら、沸騰させる。
2 1に残りの牛乳を加え、弱火にかけたまま、水でもどした板ゼラチンの水気をきって入れ、溶かし混ぜる。
3 ボウルに2を移し入れ、ボウルの底を氷水で冷やしながら粗熱を取り、生クリームを加えて混ぜ合わせる。
4 容器に3を注いで冷蔵庫に入れ、冷やし固める。スプーンなどですくって器に盛り、食べる直前にライチデザートジャムをかける。

★杏仁霜とは、あんずの種の中身を乾燥させて粉末にしたもの。

Passion & Citrus パッション&シトラス

材料（でき上がり約200g分）

パッションフルーツの果肉
　……80g
グレープフルーツの果肉
　……80g
レモン（農薬不使用のもの）
　……1個
グラニュー糖……120g

作り方

1. レモンはよく洗って、皮をむく。果肉は果汁を搾る。皮とグラニュー糖を合わせて、フードプロセッサーにかける。
　※フードプロセッサーがない場合は、皮をなるべく細かくみじん切りにしてグラニュー糖と合わせる。
2. 鍋にパッションフルーツの果肉、グレープフルーツの果肉、1のグラニュー糖とレモン汁を入れて強めの中火にかけ、あくを取りながら煮る。あくが出なくなったら、火からおろす。

パッションビール

材料（1人分）

ホワイトビール …… 200ml
パッション＆シトラス
　デザートジャム
　　…… 30〜40g

作り方

グラスにパッション＆シトラスデザートジャムを入れ、ホワイトビールを注ぐ。

Q & A 2

Q : フルーツを煮るとき、どんな鍋を使えばいいですか？

A : 熱が鍋全体に均一に伝わる銅鍋がおすすめです。銅鍋がない場合は、ほうろう製、またはステンレス製の鍋を使えばいいのですが、鍋底が焦げやすいので注意してください。
ジャムなどが完成したら、鍋の酸化を防ぐため、できるだけ早く容器に移しかえてください。

・・・・・・・・・・

Q : グラニュー糖を使う理由を教えてください。

A : グラニュー糖はクセのない甘さが特徴なので、フルーツと一緒に煮込んだ際、フルーツの味を邪魔しないすっきりとした甘味に仕上がるからです。
グラニュー糖より結晶の小さい上白糖は、砂糖本来の味が先にたち、甘味が強めに仕上がることが多いようです。
また特有の風味がある三温糖や濃厚な甘さの黒砂糖を使うと、砂糖の風味が強い仕上がりになります。

・・・・・・・・・・

Q : レモン汁を入れるのはどうしてですか？

A : 新鮮なレモンの搾り汁を加えると、フルーツの変色を防いで風味を引き出し、またとろみを増すペクチンの働きが促されるからです。

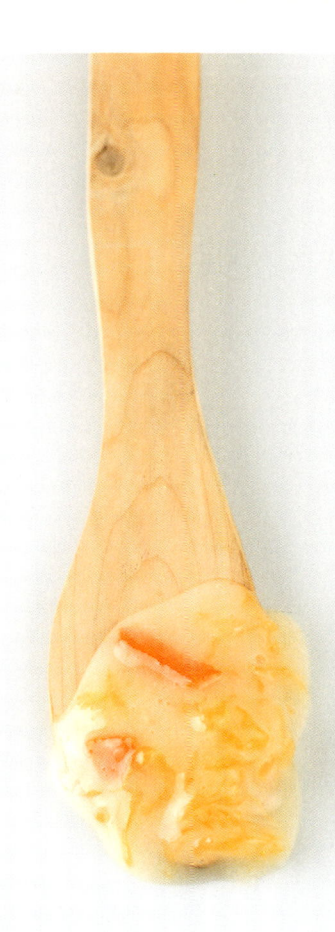

Dessert Spread

フルーツをベースに甘く仕上げたスプレッドは
くいしんぼうにはたまらない
夢のようなおいしさです。
パンやクラッカーに塗って食べるだけでなく
お菓子やパン作りにも活用できる、14レシピ。
自由な発想で、食べ方のアイディアを
見つけてください。

デザートスプレッドとクリームチーズスプレッドは作りたてを食べるのがベストですが、密閉容器で冷蔵保存すれば、夏場は2〜3日、冬場は4〜5日くらいまでおいしく食べられます。

Dessert Spread
デザートスプレッド

フルーツ×スパイス、フルーツ×チョコレート、
フルーツ×ナッツなど、組み合わせが楽しい、
セルフィユのデザートスプレッドです。
ヨーグルトやバニラアイスクリームの
ソースに最適ですが、
アプリコット&アーモンドは、
ブルーチーズとの相性抜群!
パパイヤ&バニラ、マンゴー&バニラ、
アップル&シナモンは、
ハム&チーズのサンドウィッチによく合います。
またフルーツバターを作るのもおすすめです。
室温においてやわらかくしたバターに、
お好みのデザートスプレッドを混ぜるだけ。
しっかり混ぜてもいいのですが、
ざっくりとマーブル状に混ぜておけば、
パンに塗ったとき、バター風味、
デザートスプレッド風味、フルーツバター風味
異なる3つの味わいが楽しめます。

Banana & Chocolate バナナ&チョコ

材料(でき上がり約200g分)

バナナジャム
- バナナ …… 150g(正味)
- グラニュー糖 …… 100g
- 水 …… 25ml

製菓用チョコレート …… 40g

作り方

1 バナナジャムを作る。鍋に皮をむいて薄く切ったバナナ、グラニュー糖、水を入れて強めの中火にかけ、あくを取りながら煮る。
2 あくが出なくなったら、粗く砕いた製菓用チョコレートを加えて溶かし、ひと煮立ちさせる。

Apricot & Almond アプリコット&アーモンド

材料（でき上がり約200g分）

アプリコットジャム
- アプリコット（冷凍）…… 150g
- ドライアプリコット …… 40g
- グラニュー糖 …… 110g
- レモン汁 …… 1/2個分

アーモンドスライス …… 20g

作り方

1. アプリコットジャムを作る。鍋に自然解凍させてフードプロセッサーにかけたアプリコット、細切りにしたドライアプリコット、グラニュー糖、レモン汁を入れて強めの中火にかけ、あくを取りながら煮る。
   ※フードプロセッサーがない場合は、なるべく細かくみじん切りにする。
2. あくが出なくなったら、180℃に温めておいたオーブンで約10分ローストしたアーモンドスライスを加えて、ひと煮立ちさせる。

Cassis & Marron カシス&マロン

材料（でき上がり約200g分）

カシスジャム
- カシス（冷凍）…… 100g
- グラニュー糖 …… 80g
- レモン汁 …… 1/2個分

市販のマロンペースト …… 60g
市販のカスタニエ（蒸し甘栗）
　…… 25g

作り方
1. カシスジャムを作る。鍋に自然解凍させたカシス、グラニュー糖、レモン汁を入れて強めの中火にかけ、あくを取りながら煮る。
2. あくが出なくなったら、市販のマロンペースト、粗くほぐした市販のカスタニエを加えて、ひと煮立ちさせる。

★市販のカスタニエのかわりに、栗甘露煮を使ってもいい。

Peach & Vanilla ピーチ&バニラ

材料（でき上がり約200g分）

白桃（缶詰）……150g
グラニュー糖……100g
レモン汁……1/2個分
バニラビーンズ……1/3本

作り方

1 鍋にフードプロセッサーにかけた白桃、グラニュー糖、レモン汁、縦に切り目を入れたバニラビーンズを入れて強めの中火にかけ、あくを取りながら煮る。
※フードプロセッサーがない場合は、なるべく細かくみじん切りにする。

2 あくが出なくなったら火を消し、バニラビーンズの種を出し、さやを除く。

Papaya & Vanilla パパイヤ&バニラ

材料（でき上がり約200g分）
パパイヤの果肉 …… 150g
グラニュー糖 …… 120g
レモン汁 …… 1/2個分
バニラビーンズ …… 1/3本

作り方
1 鍋にフードプロセッサーにかけたパパイヤの果肉、グラニュー糖、レモン汁、縦に切り目を入れたバニラビーンズを入れて強めの中火にかけ、あくを取りながら煮る。
 ※フードプロセッサーがない場合は、なるべく細かくみじん切りにする。
2 あくが出なくなったら火を消し、バニラビーンズの種を出し、さやを除く。

Mango & Vanilla マンゴー&バニラ

材料（でき上がり約200g分）

マンゴーの果肉 …… 150g
グラニュー糖 …… 120g
レモン汁 …… 1/2個分
バニラビーンズ …… 1/3本

作り方

1 鍋にフードプロセッサーにかけたマンゴーの果肉、グラニュー糖、レモン汁、縦に切り目を入れたバニラビーンズを入れて強めの中火にかけ、あくを取りながら煮る。
※フードプロセッサーがない場合は、なるべく細かくみじん切りにする。

2 あくが出なくなったら火を消し、バニラビーンズの種を出し、さやを除く。

Apple & Cinnamon アップル&シナモン

材料（でき上がり約200g分）

りんごの果肉 …… 150g
※アップルジュレ（70ページ参照）を作る際に残る、りんごの果肉をピューレにして使ってもOK
グラニュー糖 …… 120g
レモン汁 …… 1/2個分
シナモンパウダー …… 適量
バニラビーンズ …… 1/3本

作り方

1 鍋にフードプロセッサーにかけたりんごの果肉、グラニュー糖、レモン汁、シナモンパウダー、縦に切り目を入れたバニラビーンズを入れて強めの中火にかけ、あくを取りながら煮る。
　※フードプロセッサーがない場合は、なるべく細かくみじん切りにする。
2 あくが出なくなったら火を消し、バニラビーンズの種を出し、さやを除く。

Orange オレンジ

材料（でき上がり約200g分）

オレンジジャム
- オレンジの果肉 …… 100g
- グラニュー糖 …… 80g
- レモン汁 …… 1/2個分
- オレンジピール …… 20g

クリームチーズ …… 45g

作り方

1 オレンジジャムを作る。鍋にオレンジの果肉、グラニュー糖、レモン汁、細かく切ったオレンジピールを入れて強めの中火にかけ、あくを取りながら煮る。あくが出なくなったら火を消し、粗熱を取る。

2 ボウルに室温においてやわらかくしたクリームチーズを入れてよく練り、1のオレンジジャムを少量ずつ数回に分けて入れ、その都度よく混ぜ合わせる。一度に混ぜると、だまができるので注意。

たっぷりのフルーツジャムを、クリームチーズに混ぜ込みました。フルーツ特有の甘味や酸味が、生でそのまま食べるより、より強く、深く感じられます。お好みのパンと一緒に食べたり、パイやクレープ、スコーン、シリアルなどと組み合わせたり。またチーズ×チーズになりますが、チーズケーキのソースにぴったり！レアチーズケーキはもちろん、ベイクドチーズケーキにもよく合います。さらにパンを焼くとき生地に混ぜ込んでみたり、マフィンのなかに絞り入れてみたり。自由な発想でいろいろな使い方を楽しんでください。

Cream Cheese Spread
クリームチーズスプレッド

Pineapple パイナップル

材料（でき上がり約200g分）

パイナップルジャム
　パイナップルの果肉 …… 100g
　グラニュー糖 …… 80g
　レモン汁 …… 1/2個分
クリームチーズ …… 45g

作り方

1 パイナップルジャムを作る。鍋にフードプロセッサーにかけたパイナップルの果肉50g、5mm角に切った残りのパイナップルの果肉、グラニュー糖、レモン汁を入れて強めの中火にかけ、あくを取りながら煮る。あくが出なくなったら火を消し、粗熱を取る。
※フードプロセッサーがない場合は、なるべく細かくみじん切りにする。

2 ボウルに室温においてやわらかくしたクリームチーズを入れてよく練り、1のパイナップルジャムを少量ずつ数回に分けて入れ、その都度よく混ぜ合わせる。一度に混ぜると、だまができるので注意。

Blueberry ブルーベリー

材料（でき上がり約200g分）

ブルーベリージャム
　ブルーベリー（冷凍）…… 100g
　グラニュー糖 …… 80g
　レモン汁 …… 1/2個分
クリームチーズ …… 45g

作り方

1 ブルーベリージャムを作る。鍋に自然解凍させたブルーベリー、グラニュー糖、レモン汁を入れて強めの中火にかけ、あくを取りながら煮る。あくが出なくなったら火を消し、粗熱を取る。
2 ボウルに室温においてやわらかくしたクリームチーズを入れてよく練り、1のブルーベリージャムを少量ずつ数回に分けて入れ、その都度よく混ぜ合わせる。一度に混ぜると、だまができるので注意。

Mix Berry ミックスベリー

材料（でき上がり約200g分）

ミックスベリージャム
- ミックスベリー（冷凍）
  …… 100g
- グラニュー糖 …… 80g
- レモン汁 …… 1/2個分

クリームチーズ …… 45g

作り方

1 ミックスベリージャムを作る。鍋に自然解凍させたミックスベリー、グラニュー糖、レモン汁を入れて強めの中火にかけ、あくを取りながら煮る。あくが出なくなったら火を消し、粗熱を取る。

2 ボウルに室温においてやわらかくしたクリームチーズを入れてよく練り、1のミックスベリージャムを少量ずつ数回に分けて入れ、その都度よく混ぜ合わせる。一度に混ぜると、だまができるので注意。

Banana バナナ

材料（でき上がり約200g分）

バナナジャム
- バナナ …… 100g（正味）
- グラニュー糖 …… 70g
- レモン汁 …… 1/2個分

クリームチーズ …… 45g

作り方

1 バナナジャムを作る。ボウルに皮をむいて薄く切ったバナナ、グラニュー糖、レモン汁を入れてしばらくおく。水分が出てきたら鍋に移して強めの中火にかけ、あくを取りながら煮る。あくが出なくなったら火を消し、粗熱を取る。

2 ボウルに室温においてやわらかくしたクリームチーズを入れてよく練り、1のバナナジャムを少量ずつ数回に分けて入れ、その都度よく混ぜ合わせる。一度に混ぜると、だまができるので注意。

Grapefruit グレープフルーツ

材料（でき上がり約200g分）

グレープフルーツジャム
　グレープフルーツ
　　（農薬不使用のもの）…… 1個
　グラニュー糖
　　…… 作り方1を参照
　レモン汁 …… 1/2個分
クリームチーズ …… 45g

作り方

1. グレープフルーツは皮と果肉に分ける。皮は2回茹でこぼし、フードプロセッサーにかける。皮と薄皮をむいた果肉を合わせた重量の8割のグラニュー糖を準備する。
　※フードプロセッサーがない場合は、なるべく細かくみじん切りにする。

2. グレープフルーツジャムを作る。鍋に1のグレープフルーツとグラニュー糖、レモン汁を入れて強めの中火にかけ、あくを取りながら煮る。あくが出なくなったら火を消し、粗熱を取る。

3. ボウルに室温においてやわらかくしたクリームチーズを入れてよく練り、2のグレープフルーツジャムを少量ずつ数回に分けて入れ、その都度よく混ぜ合わせる。一度に混ぜると、だまができるので注意。

Strawberry ストロベリー

材料（でき上がり約200g分）
ストロベリージャム
　いちご …… 100g
　グラニュー糖 …… 80g
　レモン汁 …… 1/2個分
クリームチーズ …… 45g

作り方
1 ストロベリージャムを作る。いちごはよく洗ってへたを取る。鍋につぶしたいちご50g、残りの粒のままのいちご、グラニュー糖、レモン汁を入れて強めの中火にかけ、あくを取りながら煮る。あくが出なくなったら火を消し、粗熱を取る。
2 ボウルに室温においてやわらかくしたクリームチーズを入れてよく練り、1のストロベリージャムを少量ずつ数回に分けて入れ、その都度よく混ぜ合わせる。一度に混ぜると、だまができるので注意。

ビンの楽しみ、いろいろ

ガラスのビンには、いろいろな使い道があります。
手作りのディップやジャム、クッキーを詰めれば、
そのままで素敵なプレゼントに。
また切り花を飾ったり、リボンやボタンなどの生活雑貨を片付けたり。
大きいビンに小さいビン。どのビンに何を入れて使おうか、
ビンの楽しみ、いろいろです。

形の違う大小のビンに、好きな花を自由に飾れば、
それだけで幸せな気分に。窓辺やテーブルの上に、どうぞ。

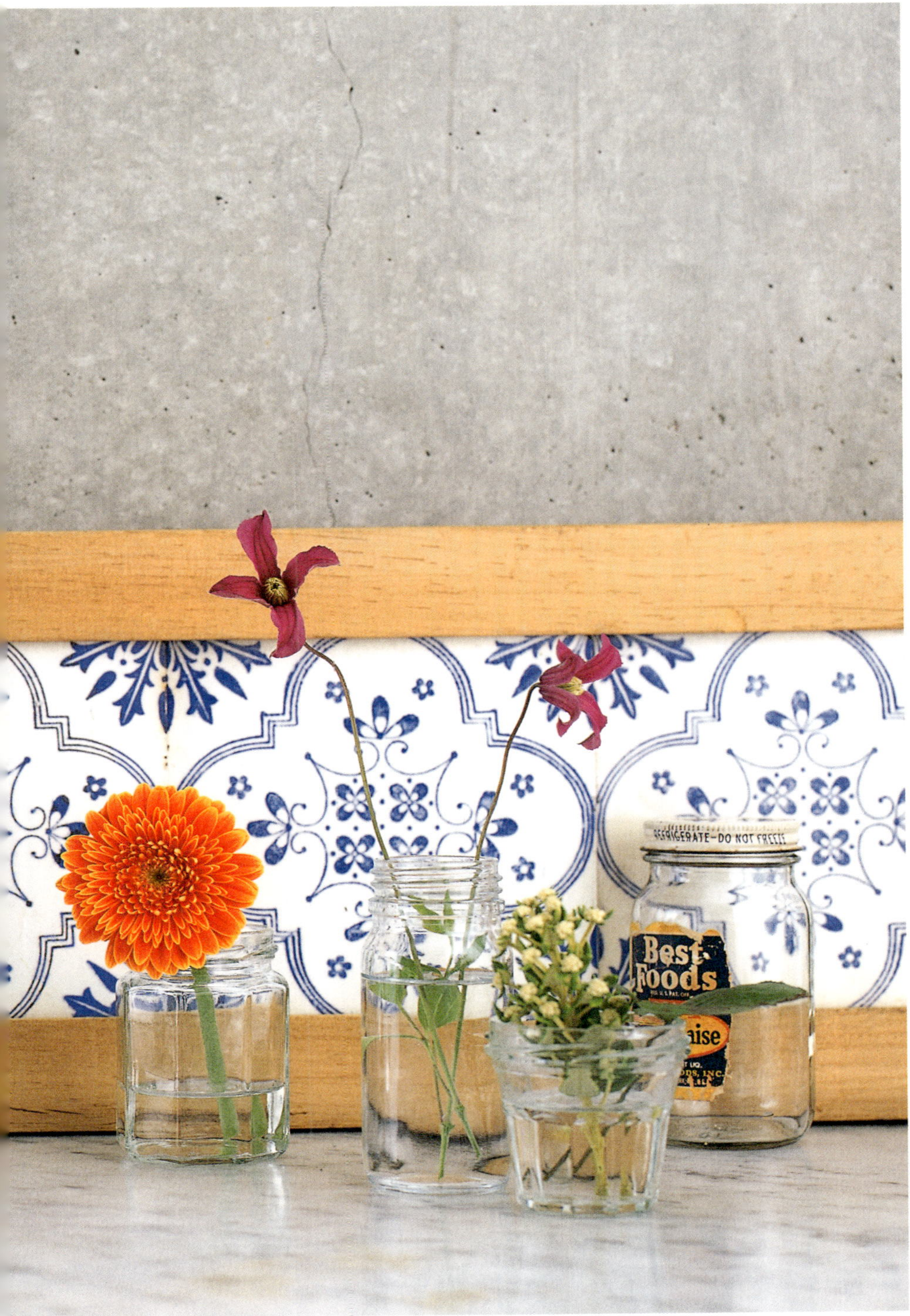
Best Foods

クリップに消しゴム、切手など、
身の回りにある細かい雑貨類は、
ビンを使って上手に整理整頓しましょう。

子どもの頃、食パンにマヨネーズやケチャップを塗り、
冷蔵庫に入っている野菜をのせたり、香辛料をつけたりして、
オーブントースターで焼いて食べるのが大好きでした。

高校生のとき、アルバイトしていた喫茶店では、
厚切り食パンにマーガリンを塗ってハムとたまねぎをしき、
マスタードのかわりにしょうがの甘酢漬けをのせて焼いた
ハムトーストを作っていました。
これが実にオイシイ！

つけたり、塗ったり、ふりかけたり、混ぜ合わせたり。
特別なものではなくても、ちょっとしたアレンジをする愉しさを
幼い頃からいつも見つけようとしていた気がします。

移り住んだ長野でたくさんの生産者や仲間たちと出会い、
そこから生まれたのがセルフィユのビン詰たちです。
2002年春、軽井沢に『Cerfeuil』第1号店をオープンさせましたが、
大小のガラスビンにきれいな色のディップやジャムを詰めて
店頭にディスプレイしたときの感動は、今でも忘れることはありません。

今回、家庭用にアレンジした手軽に愉しめる
ディップやペーストなどのレシピの他に、
食べ方や使い方もご紹介しましたが、
それらはあくまでアイディアのひとつです。
どうぞ自由な発想で、あなただけのおいしい食べ方や
使い方を見つけて愉しんでください。

株式会社セルフィユ
代表取締役　長澤宏治

『Cerfeuil』SHOP LIST

お出かけになる際には、直接連絡して、営業日や営業時間をご確認ください。
（データは2006年7月現在）
詳しくはセルフィユのホームページ、http://www.cerfeuil.jpまで。

Cerfeuil farm
長野県小諸市松井4476
tel：0267-25-7188
fax：0267-25-8190

Cerfeuil 軽井沢 旧軽井沢店
長野県北佐久郡軽井沢町大字軽井沢601-1
チャーチストリート1F
tel&fax：0267-41-2118

Cerfeuil 軽井沢 丸の内店
東京都千代田区丸の内2-4-1
丸ビルB1 フードセレクション
tel&fax：03-5220-1288

Cerfeuil 軽井沢 吉祥寺店
東京都武蔵野市吉祥寺南町1-1-24
吉祥寺ロンロン本館1F
tel&fax：0422-22-1688

Cerfeuil 軽井沢 名古屋店
愛知県名古屋市中区栄3-16-1
松坂屋名古屋本店 北館1F
tel&fax：052-263-4788

Little Recipe 西武新宿
東京都新宿区歌舞伎町1-30-1
西武新宿ビル 新宿ペペ3F
tel&fax：03-5155-3755

Very&berry
長野県北佐久郡軽井沢町大字軽井沢1016
プリンスショッピングプラザ ニューイースト
tel&fax：0267-41-1808

ファームデリ 軽井沢ベジ
長野県北佐久郡軽井沢町大字軽井沢778
tel&fax：0267-41-2888

Grocery Court Cerfeuil
イクスピアリ店
千葉県浦安市舞浜1-4
イクスピアリ2F ミュージアムレーン
tel&fax：047-305-5718

Grocery Court Cerfeuil
横浜店
神奈川県横浜市西区南幸1-5-1
横浜相鉄ジョイナスB1
tel&fax：045-316-1666

Grocery Court Cerfeuil
軽井沢銀座店
長野県北佐久郡軽井沢町大字軽井沢606-4
tel&fax：0267-41-3228

「セルフィユ」のディップ＆ペースト
Cerfeuil's Dip & Paste

発行日　2006年8月4日　第1刷

著者	Cerfeuil
発行人	伊東勇
編集	堀江由美
発行所	株式会社パルコ エンタテインメント事業局 出版担当 東京都渋谷区宇田川町15－1 03-3477-5755 http://www.parco-publishing.jp
印刷・製本	大日本印刷株式会社

©2006 Cerfeuil
©2006 PARCO CO.,LTD.
無断転載禁止
ISBN4-89194-733-0 C2077

Staff

監修	株式会社セルフィユ 代表取締役 長澤宏治
料理制作	高柳英利子 嶋崎佳津子 黒瀬佐紀子
協力	林貴之 巻井康浩 石附志帆 Des Pots（p.1、p.72のビン）
撮影	広瀬貴子
アートディレクション	鳥沢智沙（sunshine bird graphic）
スタイリング	澤入美佳
企画・編集	本村範子（本村アロテア事務所）